海南科技职业大学 现代职业教育教程体系研究

药品
YAOPIN
SHENGCHAN ZHILIANG GUANLI SHIJIAN

生产质量管理实践
——文件、记录管理与实例

主　编　王有生

副主编　杜金风　张绪元

编　委　陈政华　符传山

　　　　黄循明　曾　平

　　　　罗玉春　欧阳玉平

吉林科学技术出版社

图书在版编目（ＣＩＰ）数据

药品生产质量管理实践：文件、记录管理与实例 ／
王有生主编. -- 长春：吉林科学技术出版社,2022.9
　　ISBN 978-7-5578-9618-8

　　Ⅰ．①药… Ⅱ．①王… Ⅲ．①制药工业－产品质量－
质量管理 Ⅳ．①F407.763

　　中国版本图书馆 CIP 数据核字(2022)第 181034 号

药品生产质量管理实践——文件、记录管理与实例

主　　编　王有生
出 版 人　宛　霞
责任编辑　刘建民
封面设计　成都一鸣文化
制　　版　刘慧敏
幅面尺寸　210mm ×285mm
开　　本　16
字　　数　320 千字
印　　张　12.75
印　　数　1-1500 册
版　　次　2022 年 9 月第 1 版
印　　次　2023 年 3 月第 1 次印刷

出　　版　吉林科学技术出版社
发　　行　吉林科学技术出版社
地　　址　长春市福祉大路 5788 号
邮　　编　130118
发行部电话/传真　0431—81629529　　81629530　　81629531
　　　　　　　　　　　81629532　　81629533　　81629534
储运部电话　0431-86059116
编辑部电话　0431-81629510
印　　刷　三河市嵩川印刷有限公司

书　　号　ISBN 978-7-5578-9618-8
定　　价　75.00 元

前　言

　　文件管理是质量管理系统的基本组成部分，使企业各项质量活动有法可依、有章可循，使行之有效的质量管理手段和方法制度化、法规化，通过质量系统文件的实施来保证质量体系的有效运行。记录是反映实际生产质量管理活动实施结果的书面文件，药品生产的所有环节，从生产检验和销售都要有记录可查证追溯。药品生产企业文件和记录作为质量管理系统的基本要素，涉及药品生产质量管理规范的各个方面，药品生产和质量管理所有活动的计划和执行都必须通过文件和记录体现。所有生产质量管理过程都应在文件系统中明确规定，所有活动的计划和执行都必须通过文件和记录证明。

　　根据制药工程职业本科教育实践教学需要，本教材选编药品生产企业生产质量管理文件和记录，是药品生产企业生产质量管理流程实际应用的文件和记录体系的主要基础文件，涉及文件管理、生产记录管理、人员管理、工作职责、工艺规程、质量标准和检验规程、厂房设施管理、设备管理、卫生清洁管理、销售管理、物料管理和验证管理等内容，以及药品生产关键工序、检验实际操作记录。本书主编王有生曾任职中国医药健康产业股份有限公司、海南华拓天涯制药有限公司等大中型医药上市企业，曾担任国家药品GMP、中药材GAP认证专家，现任职海南科技职业大学从事制药工程教学科研及产教研合作等工作。杜金凤、张绪元、陈政华任职海南科技职业大学从事教学科研和创新创业指导等工作。符传山、黄循明、曾平、罗玉春、欧阳玉平长期任职海南华拓天涯制药有限公司、海口奇力制药股份有限公司、四环医药等医药研发生产经营企业。编者为长期从事高等职业教育和药品生产质量管理、药品检验、药品GMP认证的资深专家，编写的文件和记录都经过长期的实践应用，文件体系自2001年大容量注射剂首批通过国家GMP认证以来，历经多次国家和省级GMP认证检查和修改完善。为提高教学的直观性、真实感和实践指导效果，编者将批生产记录、批检验记录按实际药品生产和检验过程进行操作示范、真实填写。

　　本教材是药剂学、制药工艺、药品生产质量管理规范等课程的实践配套参考书，供制药工程、药品生产技术等专业师生使用。药品生产质量管理包括药品研制、技术转移、药品生产、质量管理和检验、药品销售、药品售后、药物警戒等整个生命周期所有影响药品质量和安全的因素管理，文件和记录系统庞大，本书收集的文件和记录仅是各个生产质量管理工序的基础性案例。由于各个企业管理理念、管理方式方法及生产品种不同，加上药品监管政策在不断完善调整，制药工程相关专业知识和制药装备水平也在不断更新，本书内容也需要不断补充完善，衷心期望读者提出批评和建议。

编　者

目　录

第一章 药品生产质量管理文件和记录制度

第一节 文件管理制度

一、文件标准管理制度

1 目的

为了保证文件体系的管理规范有序，制定本制度规定文件管理全过程的基本要求和方法。

2 适用范围

本制度适用于本公司药品生产和质量管理的所有文件的管理。

3 职责

3.1 责任人

文件起草者：负责文件的设计、起草。

各级管理人员：严格按照此规程要求进行审核、批准文件，并对所批准文件的准确性负责。

QA人员：监督检查该文件的执行情况。

文件管理员：负责文件的保存、归档、复制、分发、变更、回收及销毁。

3.2 批准使用的文件是一切行为的准则，任何人无权任意更改。

3.3 文件的起草、审核、批准由相应责任人进行。

4 定义

4.1 文件

文件是质量管理系统的基本组成部分，是指一切涉及药品生产和质量管理的政策指导文件、书面标准和实施过程的记录。

4.2 文件管理

文件管理是指文件的设计、起草、修订、审核、批准、替换或撤销、复制、分发、培训、执行、归档、变更、保管、回收和销毁的一系列过程的管理活动。

5 文件的类型

根据文件的定义，文件可分为三大类：政策类、标准类和记录。

5.1 政策类文件：是指为了实现公司的利益与意志，以权威形式标准化地规定在一定的时期内，应该达到的奋斗目标、遵循的行动原则、完成的明确任务、实行的工作方式、采取的一般步骤和具体措施的文件。

5.2 标准：标准是在药品生产质量管理过程中预先制订的书面要求。

5.3 标准的分类：标准可分为技术标准、管理标准、操作标准三大类。

5.3.1 技术标准：是指药品生产技术活动中，由国家、地方、行业及企业颁布和制定的技术性规范、准则、规定、办法、标准、规程和程序等书面要求。

5.3.2 管理标准：是指企业为了行使生产计划、组织、指挥、控制、协调等管理职能而使管理过程标准化、规范化而制定的制度、规定、标准、办法等书面要求。

5.3.3 操作标准：是指以人或人群的工作为对象，对工作范围职责、权限、工作方法及工作内容考核等所制定的规定、标准、程序等书面要求。

5.4 验证：为公用工程系统、设备、清洁、工艺、检验方法等方面验证实施的文件管理。

5.5 记录：记录是反映药品生产质量管理过程中执行标准情况的结果。记录根据部门工作需要制定，按文件类别与机构区分。

5.6 政策类文件与标准类的关系

5.6.1 政策文件是标准的总纲，标准是对政策补充和细化。

5.6.2 标准文件规定的原则应与政策文件一致。

5.7 标准与记录的关系

5.7.1 记录的依据是标准，即记录类文件的使用往往在标准中已做了详细规定。

5.7.2 记录必须与标准一致，即如何使用记录类文件、记录的内容、记录样张的审核、批准等应与标准要求一致。

5.7.3 在可能的情况下，可将最终标准纳入记录中，以便记录类文件使用者进行对照，同时便于管理人员进行监督检查。

6 文件编制的时间要求

6.1 生产开工前、新产品投产前、新设备安装前。

6.2 引进新处方或新方法前。

6.3 处方或方法有重大变更时。

6.4 验证前或验证后。

6.5 组织机构职能变动时。

6.6 文件编制质量改进时。

6.7 使用中发现问题时。

6.8 接受GMP检查认证或质量审计后。

6.9 文件的定期复审。

6.10 国家政策、法规变更。

7 文件的编制

7.1 文件的起草、修订、审核、批准均应由适当的人员签名并注明日期。与GMP有关的文件应经过质量部的审核。

7.2 文件内容应与药品生产许可、药品注册批准的相关要求一致，内容应确切，不能模棱两可，应标明题目、种类、目的以及文件编号和版本号，文件不得手工书写。

7.3 文件分类存放、便于查阅。所有药品生产、质量管理文件均由质量部文件管理员归档和管理。

7.4　文件的编码及版面设置

文件设有系统的编码及版本号并且统一由质量部负责控制，以便于识别、控制及追踪，同时可避免使用或发放过时的文件。

7.4.1　系统性：由质量部文件管理员统一分类、编码及设计版面，并指定专人负责编码，同时进行记录。

7.4.2　准确性：文件与编码一一对应，一旦某一文件终止使用，此文件编码即告作废。

7.4.3　可追踪性：根据文件编码系统规定，可随时查询文件的变更历史。

7.4.4　稳定性：文件编码系统一经规定，一般情况下不得随意变动，以保证系统的稳定性。

7.4.5　相关一致性：文件一经过修订，必须给定新的版本号，同时修订因该文件修订时引起的相关变动。

7.4.6　文件的具体编码规定请见《文件编码标准管理规程》。

7.5　文件的起草

7.5.1　起草人：由文件主要使用部门指定专人起草，以保证内容的全面性和准确性。

7.5.2　起草者向质量部文件管理员申请文件编码。

7.5.3　文件格式和内容要求见《文件格式标准管理规程》。

7.6　文件的会审

7.6.1　文件草案应由文件审核部门组织会审。

7.6.2　会审人员应由文件的起草人、使用人及相关管理人员组成。

7.6.3　由文件的审核人确定文件的会审方式，文件的会审方式分为会议审核方式、文稿流转审核方式。

7.6.3.1　会议审核方式：由文件的审批部门组织文件的起草人、使用人、相关使用人及相关管理人员的代表进行讨论审查，会议审核要有记录及审查结论。

7.6.3.2　文稿流转审核方式：由文件的审核人填写《文件会审单》，分别将文稿交会审人审查，最后由文件审核人将会审意见汇总，得出审核结论。

7.6.3.3　参加会审人员收到文件草稿及《文件会审单》后，于三天内提出意见并写在《文件会审单》上（不够时另附页），签名后返回组织会审人员。

7.6.4　由文件的起草人根据会审意见进行修订，形成文件草案报批稿。

7.6.5　文件会审应确定文件印制总份数，文件分发单位。

7.7　文件的审批：文件的审核人、批准人规定如下：

7.7.1　文件的审核原则上为起草部门负责人，批准为上一级负责人。生效日期一般为批准日期后的7天（遇节假日顺延），便于文件使用部门组织新文件的培训。

7.7.2　政策类文件由管理对口部门组织相关部门起草，分管副总审核，总经理批准。

7.7.3　管理规程文件（除质量管理文件）由文件使用部门指定专人起草，部门经理和质量部经理审核，分管副总批准。

7.7.4　质量管理文件（包括质量标准、取样规程、检验操作规程、质量管理规程等）由质量部专人起草，质量部经理审核，质量副总批准。

7.7.5 工艺规程由生产物料部专人起草，生产物料部经理、质量部经理审核，生产副总经理、质量副总经理批准。

7.7.6 操作规程审核、批准规定

7.7.6.1 岗位操作规程由使用车间组织起草，车间主任、生产物料部经理、质量部经理审核，生产副总批准。

7.7.6.2 设备操作规程由使用车间组织起草，车间主任、设备工程部经理、质量部经理审核，生产副总批准。

7.7.6.3 检验仪器使用规程、维护保养规程由中心化验室组织起草，中心化验室主任、设备工程部经理、质量部经理审核，质量副总批准。

7.7.6.4 公用设施使用规程、设备维护保养规程及校验计划由设备工程部组织起草，设备工程部经理、生产物料部经理、质量部经理审核，生产副总批准。

7.7.7 验证方案由对应管理部门组织起草，部门经理、质量部经理审核，质量副总批准。

7.7.8 记录审核、批准及变更规定

7.7.8.1 各种记录（除批生产记录）由相关部门、车间专人起草，部门主管或车间主任审核，部门经理批准。

7.7.8.2 批生产记录、清场记录由各车间按照各品种工艺规程设计编制，生产物料部经理、质量部经理审核，由质量副总、生产副总批准。

7.7.8.3 任何记录未经批准不得进行更改，如需更改，应填写《记录变更审批表》。

7.7.9 所有文件应有起草、审核、批准人签字，并注明日期，日期统一格式为：××××·××·××。

7.7.10 文件的批准人根据会审意见审批文件并签字批准。

7.8 文件的复制

文件必须经批准后方可允许复制，以原版文件复制工作文件时，不得产生任何差错：复制的文件应清晰可辨，必须经过核对与原件相同，加盖"受控"红章后方可使用。

7.8.1 文件复制不允许手抄写。

7.8.2 文件的复制方式：印刷、复印，复制的文件必须经过核对无误，加盖"受控"红章后方可使用，复制件必须清晰，易识读。

7.8.3 每份复制的文件必须在《文件发放、回收记录》上标注份数，便于管理和回收。

7.8.4 除文件管理员外，其他人不得以个人的名义擅自复制任何文件。

7.8.5 文件复制程序

7.8.5.1 生产质量管理文件经审核批准后由质量部文件管理员负责复制，达到上述要求后方可发放。

7.8.5.2 需委外印刷的记录一律由使用部门报印刷计划，由质量部文件管理员提供记录样张，生产物料部送印刷厂进行印制。各种记录、状态标识、凭证等由使用部门经两人核对无误后方可印刷、发放、使用。

7.8.5.3 部门职责及岗位职责经批准后，由质量部文件管理员复制，按职务（或岗位）分发。

7.9　文件的发放

7.9.1　文件一经批准，各部门将文件原件及文件电子版备份统一交质量部文件管理员处。

7.9.2　质量部文件管理员至少在文件生效日期前7天将文件复制、发放到相关人员或部门（未生效的文件禁止出现在生产现场，仅供培训使用）。

7.9.3　文件管理员按确定的分发单位分发文件给有关部门，并且由接收人在《文件发放、回收记录》上签名。

7.9.4　新文件生效当日必须收回过时的文件。

7.9.5　总目录由文件管理员更新。

7.9.6　接收人需对照有关目录检查文件的编码、版本号、生效日期。

7.9.7　各部门主管应有一份现行文件目录，至少每半年更新一次。对于新文件或修改后的文件，文件管理员应在目录中作记号"※"。

8　培训

8.1　新文件必须在生效之日前进行培训并记录。

8.2　培训原则上由起草部门组织，培训者为文件的起草者、审核者或批准者，参加人员为使用部门相关人员。

8.3　必须保证使用者均受到培训，且能正确执行文件。

9　执行与检查

9.1　新文件初始执行阶段，相关管理人员应特别注意监督检查执行情况以保证文件执行的有效性。

9.2　文件管理员每半年向各相关部门提供现行文件目录，以保证现行文件的完整性，并避免使用过时的文件。

10　文件的归档

10.1　文件归档包括现行文件、各种结果记录归档。

10.2　质量部文件管理员保存现行文件原件，其样本根据文件变更情况随时更新，并记录在案。

10.3　批记录由质量部批记录审核员负责归档，并保存至规定日期。

10.4　各种记录（批记录除外）一经完成，按部门归档，并存档至各文件规定日期以便准确追踪。

10.5　对于主要文件、结果记录，应定期进行统计分析评价，为工艺改进提供准确依据。

10.6　各种归档文件、记录应建立目录登记以便追踪、调用。

11　文件的变更控制

任何文件未经批准不得进行更改，如需更改，应按制定的书面规程修订、审核、批准。

11.1　变更的提出：任何与文件有关的人都可以提出变更申请，并填写《文件变更审批表》。但在文件变更之前仍按原文件执行。

11.2　变更的审批：由质量部经理评价变更的可行性并批准变更，履行变更手续。

11.3　变更的执行：按照变更审批意见执行变更，变更过程可视为一份新文件起草。

11.4　变更管理：质量部文件管理员应负责检查文件变更引起的其他相关的变更并及时通知相关部门进行修订。

11.5 变更记载：文件的任何变更质量部文件管理员必须详细进行记录以便追踪检查。

12 总目录

12.1 质量部文件管理员必须保存一份所有文件母件的《文件总目录表》。

12.2 当签发、修订、收回、复审了一份文件后，其文件总目录表应立即更新。

12.3 文件总目录表的详细内容如下

12.3.1 文件名称。

12.3.2 文件编码。

12.3.3 生效日期。

12.3.4 复审日期。

12.4 文件管理员提供出一份文件的新编号后，在正式发放前，应将号码手书写于总目录中。

13 复审

13.1 所有的文件必须在生效两年内完成复审，若有必要可随需要进行复审。

13.2 文件管理员应在每季度末将下季度需复审的文件清单打印分发给各部门有关人员复审，并监督在规定时间内完成复审。

13.3 管理规程或操作规程文件不再使用或与其他文件合并，视同文件变更，按文件变更程序处理。

13.4 如果文件生效两年后没有完成复审，文件管理员必须通知相关部门主管及质量部经理，以督促复审的及时完成。

14 文件保存年限

14.1 所有记录（如批生产记录、批检验记录等）保存至产品有效期后一年，如无有效期保存三年。确认和验证、稳定性考察的记录和报告等重要文件应长期保存。

14.2 留存的旧版工艺规程、验证文件、质量标准原件应长期保存。

14.3 留存的旧版管理规程原件保存年限为三年，留存的旧版操作规程原件保存年限为两年。

14.4 留存的旧版文件电子版应长期保存。

15 打印存盘

所有文件以文件编码和名称作为文件名存盘。格式为：编码+文件名。

16 文件的查（借）阅

16.1 借用文件仅限于与本部门工作有关的、需临时使用的文件（除已下发的文件）。查阅文件仅限于与本部门或本岗位工作相关的文件。

16.2 借用文件程序

16.2.1 各部门借用文件需由借用人填写《文件借用申请表》，说明借用文件名称、借用日期、借用期限及借用理由，并报本部门主管审核签字。

16.2.2 借用人持经本部门主管审核后的《文件借用申请表》到质量部，由文件管理员审查，核实该文件是否属借用文件范围。

16.2.3 经文件管理员核实，该文件确属借用范围后，借用人需将《文件借用申请表》报质量部经理审批。

16.2.4 经批准同意后，借用人方可到文件管理员处登记，办理借用手续。

16.3　查阅文件程序

16.3.1　查阅文件应首先将所查阅文件报本部门负责人审批，再报质量部经理审批。

16.3.2　经批准同意后到文件管理员处登记，说明查阅文件名称及查阅时间。

16.4　借（查）阅文件要求

16.4.1　借用和查阅文件均不能复印。有关部门确需复印有关文件时，需经质量部经理批准同意后，由文件管理员复印。

16.4.2　借用和查阅文件均需妥善保管，借用人或查阅人不得在文件上乱圈、乱点、乱画，不得涂改、撕毁文件等。

16.4.3　查阅文件时，查阅人只能在质量部查阅，不能将所查阅文件带出质量部。

16.4.4　查阅文件时，可做笔记，但不能抄录整个文件。

16.4.5　文件管理员要严格按规定程序办事，加强监督，一旦发现有违反以上规定者，经查实，将按公司的有关规定追究其相关责任，并视情节轻重，予以严肃处理。

17　销毁

17.1　销毁文件范围

17.1.1　文件编制过程中的草稿，打印过程中的草稿。

17.1.2　回收的旧版文件，原件归档后的其余文件。

17.1.3　其他废止或过保存期的文件。

17.2　过保存期的文件，应由文件管理员填写《文件销毁记录》，经质量部经理及质量副总批准签字后方可销毁。

17.3　重要保密文件，由质量部指定专人销毁，并指定监督人进行监督，同时填写《文件销毁记录》。

二、文件格式标准管理规程

文件名称					
文件类型			文件编码		
主控					
起草人/修订人		审核人		批准人	
日期		日期		日期	
部门		部门		部门	
会审					
审核人					
日期					
部门					
颁发部门			生效日期		
分发部门					

1 目的

为了保证药品生产质量管理体系文件格式的规范，制定本管理规程以实现文件格式的标准化。

2 适用范围

本规程适用于所有相关药品生产和质量管理的文件。

3 职责

文件编制者：负责按本规程起草文件。

文件管理员：监督检查文件起草人严格执行该文件，使文件格式标准化。

4 内容

4.1 文件的格式

4.1.1 总体编排

构成一项文件的全部要素分为：概述部分、正文部分、补充部分。

4.1.2 概述部分

4.1.2.1 首页格式：

页眉：

*********制药有限公司

正文：

页脚：

药品生产质量管理体系文件

4.1.2.2 次页格式

页眉：

*********制药有限公司　　　　　　　　　　第×页　共×页

文件名称		编码	

正文：文件内容

页脚：

药品生产质量管理体系文件

4.1.2.3 目录

若文件的内容长，结构复杂，条文较多，应编写目录。

4.1.2.4 引言

引言一般不写标题，也不写标号。如不需要说明，引言可以省略。

4.1.3 正文部分

目的：要简要说明规程制定的原因和作用，一般采用"为了保证/规范/指导……，制定本文件以……"文字在50字以下。

适用范围：主要规定规程的适用范围或应用领域，一般采用"本规程用于……，也适用于……"用语。

引用标准：主要说明规程中直接引用和必须配合使用的法定标准（无引用标准的，该项可以省略）。

职责：明确与文件直接相关的各级人员职责。

术语与定义：在现行的国家标准、部颁标准以及《药品生产质量管理规范》中尚未规定的术语、符号、代号应在文件中给予定义或说明。

正文内容：管理规程的正文内容包括管理流程、管理职责、管理内容与要求。

操作规程的正文内容包括工作内容与要求、责任与权限。

技术标准的正文内容包括药品生产技术活动中的工艺、技术、质量等项目及有关参数。

相关文件：与规程直接相关的主要文件。

4.1.4　补充部分

附录。

附加说明。

4.2　记录的格式

4.2.1　具体内容

记录编码（右上角）。

题目（居中）。

内容

第××页　共××页（右上角）

4.2.2　记录的编码按《文件编码标准管理规程》进行。

4.3　文件序号层次划分

4.3.1　层次名称

汉语名称	编号
部分	×
章	×.×
条	×.×.×
段	×.×.×.×
项	（1）　（2）……
子项	①②③……

4.3.2 文件的层次编号示例

部分	章	条	段	项	子项
1	2.1	2.2.1	2.2.2.1	（1）	①
2	2.2	2.2.2	2.2.2.1	（2）	②
3	2.3	2.2.3	2.2.2.1	（3）	③
4	2.4	2.2.4	2.2.2.1	（4）	④

4.4 对有特殊要求的文件，应制定相应的编制规程，并按其执行（如工艺规程、质量标准、岗位职责）。

4.5 各类文件的印刷规格要求：

4.5.1 纸的规格：70g，A4（210×297mm）。

4.5.2 印刷要求：

4.5.2.1 字体：宋体。首页标题小二号字，包含的表格四号字；正文小四号字，正文中包含的表格五号字；页眉公司名称四号字，其他五号字；页脚小五号字。字间距0磅，行间距20磅。

4.5.2.2 格式：序号与文字间应当空2格（1个字号），段落内第二行应当与上行文字部分对齐。

4.5.2.3 页边距：上为3cm，下为2cm，左为2.5cm，右为1.5cm。

4.5.2.4 页眉、页脚边距：页眉距边界2cm，页脚距边界1.2cm。

4.5.2.5 记录采用宋体小四号字，文件与记录必要时可根据版面要求适当调整字体大小。

5 相关文件

文件名称	文件编号
文件标准管理规程	SMP·WJ·00·001
文件编码标准管理规程	SMP·WJ·00·002

6 变更记载

	变更记载	
版本号	修订原因及内容	生效日期
01	新建	参见首面

第二节　生产记录管理制度

1　目的

保证生产记录能够准确、及时、全面有效地反映生产全过程的实际情况，并可作为跟踪产品历史的依据。

2　适用范围

适用于本公司所有生产记录的编制、审核、批准、填写、整理、保存及修订。

3　职责

车间操作工负责生产记录的填写，车间主任负责生产记录的确认，生产物料部经理、质量部经理负责批生产记录的审核。

4　内容

4.1　生产记录的编制、审核、批准

4.1.1　岗位操作记录、台账、报表等生产记录由车间工艺员设计，车间主任审核，生产物料部经理批准；批生产记录由车间工艺员设计，生产物料部经理、质量部经理审核，由质量副总、生产副总批准。原件质量部存档，受控的复印件交由车间及相关部门使用，凡未经审批的表格一律不予使用。

4.1.2　生产记录应根据工艺特点、工艺程序、操作要求和技术参数等内容设计并编号，内容力求精简、全面，能反映各生产环节的实际情况，适应GMP及生产管理的需要。

4.2　生产记录的填写

4.2.1　岗位操作记录由岗位操作人员填写，填写应及时，不允许操作前填写或生产后靠回忆填写，每份记录应有操作者签名，关键岗位由工艺员复核签字。

4.2.2　批生产记录由车间工艺员汇总有关岗位生产操作原始记录、检验报告单等，由车间主任确认，先送生产物料部经理审核，最后由质量部经理审核批准。

4.3　填写生产记录的注意事项

4.3.1　记录应清楚、及时、如实、数据准确、内容完整。

4.3.2　字迹清晰，易于保存，记录用黑色中性笔填写。

4.3.3　记录应保持整洁，不得撕毁或任意涂改，确实需要更改时，不得使用涂改液，应用双线划去后在旁边重写，划掉部分应能看清楚，修改人签名，不得用刀或橡皮更正。

4.3.4　按表格内容全项填写，不得有空格，如无操作内容填写时，一律用斜杠"／"表示，内容与上项相同时应重复抄写，不用"……"或"同上"表示。

4.3.5　品名不得简写。

4.3.6　与其他岗位、班组或车间有关的操作记录，应做到一致性、连贯性。

4.3.7　操作者、复核人均应填全姓名，不得只写姓或名。

4.3.8　填写日期一律横写并不得简写，如1998年9月14日不得写成"98""14/9""9/14"。

4.3.9　计量单位一律用国家法定计量单位填写。

4.3.10　生产记录及有关统计报表的计算方法、含义、范围、计量单位、呈报期限等规定，各部门不得任意删改，严格执行统一规定。

4.4　复核生产记录的注意事项

4.4.1　必须按每批原始记录串联复核，不得前后矛盾。

4.4.2　必须将记录内容与工艺规程对照复核。

4.4.3　上下工序、成品记录中的数量、质量、批号等必须一致正确。

4.4.4　记录应有工艺员复核，对不符合要求的填写方法，工艺员应监督填写人更正。

4.5　生产记录的整理及保存

4.5.1　批生产记录应由车间工艺员按批整理，根据生产流程排序，不得缺页、漏页。

4.5.2　批生产记录应由车间主任确认、生产物料部经理审核、质量部经理批准，最后交由质量部存档。

4.5.3　批生产记录保存至少三年，规定有产品有效期的产品应保存至产品有效期后一年。

4.6　生产记录的修订

4.6.1　当生产工艺或生产设备变更时，应对生产记录做及时调整。

4.6.2　生产记录的修订程序与编制时相同，生产记录需要修订时应由车间工艺员按生产实际情况设计，提出修改意见，报生产物料部经理、质量部审核，最后由副总经理批准。

4.6.3　经批准的新的记录文本，由公司办公室统一复印，下发给使用部门执行，同时将原件存档。

4.6.4　新的记录投入使用后，原来使用的旧的记录应及时收回，收回应有记录，在生产现场不得出现原记录文本。

第二章　药品生产质量管理文件

第一节　人员管理

一、员工礼仪规范

1　目的

建立本公司员工在日常工作中的礼仪规范，以树立良好的企业形象。

2　适用范围

本公司所有员工的日常礼仪行为。

3　职责

本公司内所有员工应遵守本规范的要求，公司综合办公室负责培训、督导、检查。

4　内容

4.1　员工必备的礼仪

4.1.1　员工必须仪表端庄、整洁。具体要求是：

4.1.1.1　头发：员工头发要经常修剪，保持清洁，男性员工头发不宜太长。

4.1.1.2　指甲：不留长指甲，应经常修剪；女性员工涂指甲油要尽量用淡色。

4.1.1.3　胡子：胡子不能太长，应经常修剪。

4.1.1.4　口腔：保持清洁，上班前不能喝酒或吃有异味食品。

4.1.1.5　女性员工化妆应给人清洁健康的印象，不能浓妆艳抹，不宜用香味浓烈的香水，洁净区内操作人员不允许化妆，佩戴饰物、手表等。

4.1.2　工作场所的服装应清洁、方便，不追求修饰。具体要求是：

4.1.2.1　衬衫：无论是什么颜色，衬衫的领子与袖口不应有污秽。

4.1.2.2　领带：外出前或要在众人面前出现时，应佩戴领带，并注意与西装、衬衫颜色相配；领带不应肮脏、破损或歪斜松弛。

4.1.2.3　鞋子应保持清洁，如有破损应及时修补，不宜穿带钉的鞋。

4.1.2.4　女性员工要保持服装淡雅得体，不应过分华丽。

4.1.2.5　员工工作时不宜穿大衣或过分臃肿的服装。

4.1.3　在本公司内员工应保持优雅的姿势和动作。具体要求是：

4.1.3.1　站姿：两脚脚跟着地，脚尖离开约45度，腰背挺直，胸膛自然，颈脖伸直，头微向下，使人看清你的面孔。两臂自然，不耸肩，身体重心在两脚中间。会见客户或出席仪式站立场合，或在长辈、上级面前，不得把手交叉抱在胸前。

4.1.3.2　坐姿：坐下后，应尽量坐端正，把双腿平行放好，不得傲慢地把腿向前伸或向后伸，或俯视前方。要移动椅子的位置时，应先把椅子放在应放的地方，然后再坐。

4.1.3.3　本公司内与同事相遇应点头行礼表示致意。

4.1.3.4　握手时用普通站姿，并目视对方眼睛；握手时脊背要挺直，不弯腰低头，要大方热情，不卑不亢；伸手时，同性间地位高者应先主动向地位低或年纪轻的伸手，异性间女方宜先向男方伸手。

4.1.3.5　出入房间的礼貌：进入房间，要先轻轻敲门，听到应答再进。进入后，回手关门，不能大力、粗暴。进入房间后，如对方正在讲话，要稍等静候，不要中途插话，如有急事要打断说话，也要看住机会，而且要说明："对不起，打断你们的谈话"。

4.1.3.6　递交物件时，如递文件等，要把正面、文字对着对方的方向递上去，如是钢笔，要把笔尖向自己；至于刀子或剪刀等利器，应把刀尖向着自己。

4.1.3.7　走通道、走廊时要放轻脚步。无论在自己的本公司，还是对访问的单位，在通道和走廊里不能一边走一边大声说话，更不得唱歌或吹口哨等。在通道、走廊里遇到上司或客户要礼让，不能抢行。

4.2　日常业务中的礼仪

4.2.1　正确使用本公司的物品和设备，提高工作效率

4.2.1.1　对物品不能野蛮对待，挪为私用。

4.2.1.2　及时清理、整理账簿和文件，对墨水瓶、印章盒等盖子使用后及时关闭。

4.2.1.3　借用他人或本公司的东西，使用后及时送还或归放原处。

4.2.1.4　工作台上不能摆放与工作无关的物品。

4.2.1.5　未经同意不得随意翻看同事的文件、资料等。

4.2.2　正确、迅速、谨慎地接、打电话

4.2.2.1　电话来时，听到铃响，至少在第二声铃响前取下话筒。通话时先问候，并自报单位、科室、姓名。对方讲述时要留心听，并记下要点。未听清时，及时告诉对方，结束时礼貌道别，待对方切断电话，自己再放话筒。

4.2.2.2　通话简明扼要，不得在电话中聊天。

4.2.2.3　对不指名的电话，判断自己不能处理时，可坦白告诉对方，并马上将电话交给能够处理的人。在转交前，应先把对方所谈内容简明扼要告诉接收人。

4.2.2.4　工作时间内，不得打私人电话。

4.2.3　本公司内以职务称呼上司、同事，客户间以先生、小姐等相称。

4.3　和客户的业务礼仪

4.3.1　接待工作及其要求

4.3.1.1　在规定的接待时间内到达，不迟到、不缺席。

4.3.1.2　有客户来访时，马上起来接待，并让座。

4.3.1.3　来客多时以到来顺序进行，不能先接待熟悉客户。

4.3.1.4　对事前已通知来的客户，要表示欢迎。

4.3.1.5　应记住常来的客户。

4.3.1.6　接待客户时应主动、热情、大方、微笑服务。

4.3.2　介绍和被介绍的方式和方法

4.3.2.1　无论是何种形式、关系、目的和方法的介绍，应该对介绍负责。

4.3.2.2　直接见面介绍的场合下，应先把地位低者介绍给地位高者。若难以判断，可把年轻的介绍给年长的；在自己本公司和其他公司的关系上，可把本公司的人介绍给别的公司的人。

4.3.2.3　把一个人介绍给很多人时，应先介绍其中地位最高的或酌情而定。

4.3.2.4　男女间的介绍，应先把男性介绍给女性。男女地位、年龄有很大判别时，若女性年轻，可先把女性介绍给男性。

4.3.3　名片的接受和保管

4.3.3.1　名片应先递给长辈或上级。

4.3.3.2　把自己的名片递出时，应把文字向着对方，双手拿出，一边递交一边清楚地说出自己的姓名。

4.3.3.3　接对方名片时，应双手去接，拿到手后，要马上看，正确记住对方姓名后，将名片收起；如遇对方姓名有难认的文字，马上询问。

4.3.3.4　对收到的名片妥善保管，以便检索。

二、人员培训管理制度

1　目的

为了保证本公司所有员工能够独立完成本岗位操作，掌握有关药学知识和岗位技能，特制定本制度以规范员工的培训工作。

2　适用范围

本公司全体员工的培训管理。

3　职责

公司综合办公室负责制订培训计划与培训计划的实施；各职能部门负责本部门岗位SOP培训与考核，公司综合办公室主任监督部门培训组织实施过程。

4　内容

4.1　药品生产企业的各级管理人员，生产、检验以及与生产活动有关的维修、清洁、储运、服务等人员，均应按GMP原则和各自的职责要求接受GMP等培训教育。

4.2　培训教育方案应根据不同培训对象的要求分别制定，教材要由浅入深，注重普及与提高，理论与实践相结合。

4.3　培训教育工作要制度化，规范化。个人培训记录要归档保存，培训效果要定期考核评价。

4.4　企业应明确主管培训教育工作的职能部门。在编制企业培训教育规划和计划时，应将GMP培训教育纳入计划，并配备适合担任教员的专职或兼职人员，同时要为教员的知识更新和深造创造条件，以不断提高培训教育工作水平。

4.5 培训教育的基本内容

4.5.1 培训教育方案

4.5.1.1 要根据教育规划和教育内容，制定培训教育方案。培训教育方案通常分为普及教育和深化教育两个阶段制定。

4.5.1.2 普及教育的对象是企业的全体职工，特别是生产人员和基层管理人员。教育内容主要有：（1）药品GMP知识及法律法规；（2）质量管理知识（文件）；（3）卫生及微生物知识；（4）质量控制与区域卫生洁净作业；（5）生产、卫生管理知识（文件）；（6）设备、设施管理知识（文件）；（7）厂纪厂规及职业道德；（8）安全生产知识；（9）物料管理知识（文件）；（10）公司相关剂型专业知识；（11）销售发运管理知识（文件）；（12）岗前培训（GMP有关专业基本知识、岗位SOP）；（13）在岗培训（实际操作技能、岗位SOP）；（14）外出培训。

4.5.1.3 深化教育的对象主要是企业负责人，质量、生产等部门的负责人和从事质量、设计、科研、计划、设备、采购、供应、销售等部门的技术人员和管理人员。教育的内容主要是在掌握GMP基本概念的基础上，进一步学习专业技术知识，并运用这些知识和方法推动GMP的执行；企业负责人和各级管理人员应定期接受药品管理法律法规培训，特别是新颁布的药品管理法律法规要及时培训。

4.5.2 各级人员培训要求

4.5.2.1 对全公司员工，特别是对各级负责人进行GMP教育，是推进GMP工作的前提。应首先对各级负责人就GMP有关内容进行培训，使其具有高度的质量意识、管理知识，懂得实施GMP的意义和内容，掌握实施GMP的有关知识、方法和评价的基本准则。

4.5.2.2 对技术、管理人员应进行专业知识和管理知识的培训，使他们在各自的岗位上，认真实施GMP所规定的本岗位的职责和活动内容；企业负责人和各级管理人员还应进行药品管理法律法规培训，使他们能知法守法，增强法律意识。

4.5.2.3 企业必须对所有检验人员和生产操作人员全面进行有关GMP的知识、技能和方法的培训，使他们了解GMP的基本知识和本岗位的质量责任。

4.5.2.4 企业必须重视对全体职工的清洁卫生教育，使之养成良好的卫生习惯。特别是对从事无菌生产的清洁卫生（包括工作服的清洗）人员，使他们了解清洁卫生在生产中的重要性。掌握清洁卫生的基本知识、操作程序、操作方法，明确本岗位的质量责任。

4.5.2.5 企业也应重视对洁净区净化设施的管理人员、设备维护保养人员进行有关GMP知识、技能和方法的培训，明确本岗位的质量责任。

4.5.2.6 企业必须对从事生产的各类人员，进行符合本岗位要求的专业技能、操作方法与本岗位有关GMP知识的培训，明确本岗位的质量责任。

4.5.3 培训教育方式

4.5.3.1 培训教育可采用教师授课、岗位操作人员传带、实际操作演示、多媒体演示教学、图片等多种形式。

4.5.3.2 培训教育可有公司内和公司外培训。企业可选派有关人员参加公司外各类有关GMP培训班、研讨班，使他们成为企业实施GMP的骨干。

4.5.3.3 公司内培训可采用全脱产、半脱产以及现场培训形式，针对本企业实施GMP的现状，对职工采取增强实施GMP意识和专门技术与方法的培训。

4.6 培训考核

4.6.1 培训教育应建立考核制度，企业依照GMP培训计划，对各级受训人员进行定期考核；考核可采用试卷考试、授课老师现场提问、现场操作考试等多种形式。

4.6.2 考核评定标准：试卷考试记录实际分数，85分以上为优，60分～84分为良，60分以下为不合格；现场提问考试回答正确为优，回答基本正确为良，回答不正确为不合格；现场实际操作考试中操作熟练为优，基本熟练为良，不熟练或违章操作为不合格。试卷考试有试卷存档，现场提问考试及现场实际操作考试有考核记录存档。

4.6.3 公司综合办公室应根据岗位要求，使职工做到先培训后上岗。公司新进人员必须经岗前GMP基本知识等专业技术基础理论初步培训教育，如系车间生产操作、QA、QC、维修、公用工程岗位的，应由部门组织岗位SOP和设备操作技术等培训，经考核合格后，办理《上岗证》。转岗为生产操作人员或QA、QC的，应由车间或质量部组织岗位SOP和设备操作技术等培训，经考核合格后，方可取得《上岗证》。

4.6.4 培训结束后，参加培训的车间生产操作、QA、QC、维修、公用工程等岗位人员均应有培训效果的评价考核。培训效果评价考核结果分为："合格""不合格"，考核不合格者不准上岗。

4.6.5 对考核不合格者应进行追踪培训及考，考核合格后方可上岗。

4.7 培训管理

4.7.1 公司综合办公室根据生产物料部生产调度安排，会同质量部，对本公司全体职工的GMP等知识培训教育制订年度计划，由公司综合办公室纳入企业年度教育计划，并负责组织实施和考核。

4.7.2 企业各部门人员的深化教育，由部门负责人提出年度计划，经公司综合办公室确认后由各部门自行组织培训和考核，公司综合办公室应定期检查计划的实施和考核情况。

4.7.3 受训人员在公司外和公司内培训，需填写个人培训记录，每年年底转交公司综合办公室，作为职工培训档案留存。

4.7.4 公司综合办公室根据员工培训记录建立健全培训台账，采取电子版管理，每年末打印一次。

4.7.5 培训档案、记录等培训资料存档时间规定为4年，超过4年的可视情况销毁。

第二节　工作职责

一、总经理工作职责

1　目的
明确总经理工作内容、义务及应承担的责任。

2 适用范围

适用于总经理开展管理工作。

3 职责

总经理对实施本职责负责，股份公司、公司董事会和监事会负责监督、考核。

4 内容

4.1 根据股份公司的发展战略要求，负责制订公司中长期计划和经营改善计划，谋求公司持续健康发展。

4.2 根据股份公司预定的生产经营目标，负责制定具体的经营、计划、对策，以销售为导向，在保证质量的基础上，抓好生产经营，完成财务指标。

4.3 对公司产品质量负责。

4.4 根据国家药品行业政策及股份公司的发展战略要求，全面领导和实施GMP管理工作，组织进行生产线的GMP改造，实现公司的中长期发展规划布局，优化产品线结构，增强产品竞争力，提升创利能力。

4.5 负责生产设备、环保消防设施全面管理，重视劳动保护，采取积极有效措施以改善生产劳动设施条件，切实注意职工的安全和健康，确保安全生产。

4.6 负责推行消耗定额管理，采取措施节能减排，减少能耗，降低成本，鼓励技术升级，提高生产效率，推进精益管理。

4.7 负责健全公司的人事管理制度，加强员工培训，提高员工整体素质，在企业不断发展的基础上，逐步提高员工收入。

4.8 加强企业文化建设，树立公司良好的社会形象，代表公司对外发生业务联系和经济来往。

4.9 在本公司范围内具有生产经营指挥权、资金和物资调度权，有权直接进行干部任免和一般员工进行内部调动。

4.10 主持公司办公会议，讨论贯彻执行上级机关和公司董事会的决定，具体安排和解决生产、行政工作中的重大问题。

4.11 企业负责人，为药品质量的主要责任人。

4.12 负责提供必要的资源，合理计划、组织和协调，保证质量管理部门独立履行其职责，确保企业实现质量目标与新版GMP规范要求生产药品。

4.13 负责领导公司建立、实施和保持质量管理体系。

4.14 批准质量手册和发布质量方针和目标。

4.15 向组织传达满足顾客和法律、法规要求的重要性

（1）应树立质量意识，清楚了解让顾客满意是最基本的要求；

（2）应清楚了解产品质量与公司每一个成员对质量的认识紧密相关；

（3）应采取培训、内部刊物或会议等各种方式使全体员工都能树立质量意识，都能认识到满足群众健康用药的要求和法律法规的要求对公司的重要性；并能经常持续地加强员工对质量的意识，使他们积极参加与提高质量有关的活动。

4.16 负责制定和批准公司的质量方针和质量目标。

4.17 按计划的时间间隔主持管理评审,执行与质量体系有关的程序。

4.18 确保公司质量管理体系动作活动能获得必要的资源。

二、质量受权人工作职责

1 目的

明确公司质量授权人工作内容、义务及应承担的责任。

2 适用范围

适用于公司质量授权人。

3 职责

公司质量授权人对实施本职责负责,公司法定代表人负责监督考核。

4 内容

4.1 参与企业质量体系建立、内部自检、外部质量审计、验证以及药品不良反应报告、产品召回等质量管理活动。

4.2 承担产品放行的职责、确保每批已放行产品的生产、检验以及药品不良反应报告、产品召回等质量管理活动。

4.3 在产品放行前,质量授权人必须按照上述第2项的要求出具产品放行审核记录,并纳入批记录。

4.4 贯彻执行药品质量管理的法律、法规,组织和规范企业药品生产质量管理工作。

4.5 组织建立和完善本企业药品生产的质量管理体系,并对该体系进行监控,确保其有效运行。

4.6 对下列质量管理活动负责,行使决定权:

每批物料及成品放行的批准;

生产质量管理文件的批准;

工艺验证和关键工艺参数的批准;

物料及成品内控质量标准的批准;

不合格品处理的批准;

产品召回的批准。

4.7 参与对产品质量有关键影响的下列活动,行使否决权:

物料供应商的选取;关键生产设备的选取;

生产、质量、物料、设备和工程等部门的关键岗位人员的选用;

其他对产品质量有关键影响的活动。

4.8 成品放行前,受权人应确保产品符合以下要求:

该批产品已取得药品生产批准文号或有关生产批件,并与《药品生产许可证》生产范围、药品GMP认证范围相一致,实际生产工艺与国家核准的工艺一致;

生产和质量控制文件齐全;

按有关规定完成了各类验证;

按规定进行了质量审计、自检或现场检查;

生产过程符合药品GMP要求；

所有必要的检查和检验均已进行，生产条件受控，有关生产记录真实完整；

在产品放行之前，所有变更或偏差均按程序进行了处理；

其他可能影响产品质量的因素均在受控范围内。

4.9　在药品生产质量管理过程中，受权人应主动与药品监督管理部门进行沟通和协调，具体为：

在公司接受药品GMP认证或药品GMP跟踪检查的现场检查期间，受权人应作为公司的陪同人员，协助检查组开展检查；

在现场检查结束后10个工作日内，督促有关部门将缺陷项目的整改情况上报药品监督管理部门；

每半年至少一次向药品监督管理部门上报公司的药品GMP实施情况和产品的质量回顾分析情况；

督促有关部门履行药品不良反应的监测和报告的职责；

其他应与药品监督管理部门进行沟通和协调的情形。

4.10　确保质量管理体系的过程得到建立和保持。

4.11　向最高管理者报告质量管理体系的业绩，包括改进的需求。

4.12　在整个组织内促进公司内部及公司外部顾客质量要求意识的形成。

三、质量部职责

1　目的
明确质量部的工作内容及应承担的责任，加强质量管理工作。

2　适用范围
适用于质量部的质量控制人员及质量保证人员。

3　职责
质量部经理、中心化验室主任、质量保证室主任、QA人员、QC人员均对执行本职责负责，质量副总经理负责监督、考核。

4　内容
4.1　建立、健全质量保证体系，组织制定、修订质量部管理制度及操作规程、质量标准、部门岗位、人员职责等文件，参与审核公司所有文件，确保产品质量的过程、方法、程序，并不断持续改进使之完善。

4.2　认真执行国家有关药品质量的一系列方针政策，建立明确的质量检验和质量管理制度和规程，实施原辅料、包装材料的进厂检验和成品出厂检验，制订验证总计划、自检等制度，不断提高QA人员、QC人员工作质量，确保公司的生产活动受到监控，确保产品质量。

4.3　根据国家颁布的质量标准，制定本企业产品内控标准并监督贯彻执行。

4.4　批准工艺规程、取样方法、质量标准、检验方法和其他质量控制规程。

4.5　制定产品留样观察制度并定期对留样产品进行留样观察。

4.6　制定稳定性考察制度，确保有稳定性考察数据支持成品的有效期及储存条件。

4.7　定期对洁净室（区）的环境（尘埃粒子数和微生物）进行监测，负责生产工艺卫生的监督检查工作。

4.8　负责对药品的标签、说明书、小盒、纸箱设计稿、印制样张内容进行审核。

4.9　负责制定取样、留样、检验管理制度，经授权的QA人员负责对物料、中间产品和成品进行取样、留样，确认公司采购和使用的原辅料与包装材料正确无误。

4.10　负责制定检验管理制度，确保原辅料、包装材料、中间产品、成品等都经过适当的检验并有检验报告。

4.11　负责制定检验用设备、仪器、试剂、试液、标准品、对照品、检定菌、滴定液、培养基等的管理办法并确保切实执行。

4.12　决定原辅料、包装材料、中间产品和成品的放行，确保不合格物料不投产，不合格中间产品不投入使用，不合格成品不放行出厂。

4.13　审核评价批记录，在决定放行前，审核已完成关键步骤的批生产记录和批检验记录，确保各种偏差已进行调查并已有纠正措施，决定成品是否放行。

4.14　审核不合格品处理程序，并提出处理意见。

4.15　对车间违反质量规程制度和忽略质量的行为进行纠正，并对问题严重的和不服从的则通知其停产，同时提出对其单位和个人的处理意见。

4.16　负责物料监控，会同生产物料部对主要物料供应商质量体系进行审计、评估。

4.17　对产品质量情况定期进行回顾并整理归档存入质量档案。

4.18　负责药品不良反应的资料收集、上报工作，并按规定向省药品监督管理局汇报。

4.19　确保对质量相关的投诉进行调查并予以适当处理。

4.20　申请和监督由被委托方承担的委托检验，并将委托检验情况在省食品药品监督管理局备案。

4.21　检查本部门仪器、设备的维护情况。

4.22　确保所需的验证（包括检验方法的验证）以及控制设备的校准都已进行。

4.23　按制订的计划组织，参与GMP自检、验证工作。

4.24　定期组织相关部门人员召开质量分析会，分析生产过程中存在的风险，提出纠正和预防措施，尽可能将风险降至可接受范围。

4.25　负责对本公司产品事故的分析，会同生产部门检查分析原因，提出处理意见，监督落实负责办理有关全厂质量的来信来访退货事宜。

4.26　确保本部门人员都已经过必要的GMP及岗位操作的基础培训和继续培训，并根据实际需要适当调整培训计划。

4.27　组织和推广应用全面质量管理，开展GMP学习，贯彻执行GMP标准，保证产品质量稳定、提高。

四、质量部经理职责

1　目的

明确公司质量部经理工作内容、义务及应承担的责任。

2 适用范围

适用于公司质量部经理。

3 职责

公司质量部经理对实施本职责负责，公司质量副总经理负责监督考核。

4 内容

4.1 负责组织GMP自检小组，定期对本公司进行GMP自检，并将自检结果、对受检部门的评价和结论、改进措施的建议及时报告质量副总经理。

4.2 制订质量部工作计划并负责组织实施。

4.3 负责组织制定、修订质量部管理制度及操作规程、质量标准、部门岗位、人员职责等文件，参与审核公司所有文件。

4.4 负责组织QC人员、QA人员的培训和考核工作；参与对各部门人员的GMP和药品质量意识的培训和教育工作。

4.5 负责监督制定检验用设备、仪器、试剂、试液、标准品、对照品、检定菌、滴定液、培养基等的管理办法并确保切实执行。

4.6 授权QA人员负责对原辅料、包装材料、中间产品和成品进行取样、留样，保证取样和留样制度的实施。

4.7 负责保证留样观察和稳定性考察的实施。

4.8 负责对原辅料、中间产品的检验工作进行检查，对不合格的原辅料、中间产品有权制止投入使用，防止不合格中间产品流入下道工序。

4.9 对原辅料、包装材料进行放行；受权指定QA人员对中间产品进行放行。

4.10 对药品的标签、说明书、小盒、纸箱设计稿、印制样张内容进行审核。

4.11 审核批生产记录和批检验记录等相关记录。

4.12 对QA人员、QC人员的其他日常工作进行监督。

4.13 制定和执行委托检验的管理办法并监督其实施，并将委托检验情况在省食品药品监督管理局备案。

4.14 负责对产品质量回顾情况、产品质量档案整理情况进行检查。

4.15 负责对用户访问制度、质量问题的来信、来访、产品质量投诉事件的检查和上报工作，负责处理质量事故。

4.16 对车间违反质量规程制度和忽略质量的行为进行纠正，并对问题严重的和不服从的则通知其停产，同时提出对其单位和个人的处理意见。

4.17 负责监督实施产品的召回程序及退货产品、不合格品的处理程序，并提出处理意见。

4.18 负责监督药品不良反应的资料收集、上报工作，对出现的药品不良反应（固有的和新发现的）应及时通报质量副总、质量受权人及总经理，并按规定向省药品监督管理局报告。

4.19 负责组织相关部门人员召开质量分析会。

4.20 负责组织对本公司产品事故的分析，会同生产部门检查分析原因，提出处理意见，监督落实负责办理有关全公司质量的来信来访退货事宜。

五、质量保证室主任职责

1　目的

明确公司质量保证室主任工作内容、义务及应承担的责任，组织和实施质量保证的工作。

2　适用范围

适用于公司质量保证室主任。

3　职责

公司质量保证室主任对实施本职责负责，质量部经理负责监督考核。

4　内容

4.1　在质量部经理领导下，分工及协调QA人员工作并QA人员工考核及培训，并完成上级领导安排的其他有关质量管理工作。

4.2　参与制定、健全质量保证系统。

4.3　参与制定质量部管理制度及操作规程、质量标准、部门岗位、人员职责等文件。

4.4　负责组织QA人员的培训和考核工作，确保QA人员都已经过必要的GMP及岗位操作的基础培训和继续培训，并根据实际需要适当调整培训计划；参与对各部门人员的GMP和药品质量意识相关的培训和教育工作。

4.5　安排经授权的QA人员对制药用水、原辅料、包装材料、中间产品、成品的取样、留样，并对实施过程进行监督检查。

4.6　安排QA人员对洁净室（区）环境、生产过程、工艺卫生进行监测。

4.7　负责检查成品的质量稳定性评价，确定产品在有效期内符合质量标准规定。

4.8　安排QA人员汇总产品数据，对数据进行趋势分析和回顾，建立产品质量档案。

4.9　安排QA人员审核批生产记录、批检验记录等生产、检验记录，确保各种偏差已进行调查并已有纠正措施。

4.10　安排QA人员参与验证、GMP自检工作，并将相关记录归档、保存。

4.11　安排QA人员对药品的标签、说明书、小盒、纸箱设计稿、印制样张内容进行审核。

4.12　安排QA人员管理公司所有文件、记录的发放、收回，将旧版文件进行归档、保存或销毁并做好记录。

4.13　会同生产物料部对主要物料供应商质量体系进行评估。

4.14　对车间违反质量规程制度和忽略质量的行为进行纠正，并对问题严重的和不服从的则向质量部经理报告，同时提出对其单位和个人的处理意见。

4.15　为质量分析会召开做准备，并参与分析生产过程中存在的风险，提出纠正和预防措施，尽可能将风险降至可接受范围。

4.16　负责质量事故的分析、处理和上报工作。

六、QA检查员职责

1　目的

明确QA检查员的工作内容、义务及承担的责任。

2 适用范围

适用于QA检查员工作职责的确认。

3 职责

QA检查员对实施本职责负责，质量保证室主任、质量部经理负责监督、考核。

4 内容

4.1 在质量部领导下，对检查工作一丝不苟，熟悉质量标准并认真执行。

4.2 负责原辅材料、中间产品、成品的取样工作。

4.3 负责原辅材料、中间产品、成品的留样考察工作。

4.4 负责定期对生产环境的监测，主要监测内容为洁净室尘埃粒子数和微生物数。

4.5 负责工艺用水的质量监控及取样。

4.6 负责生产过程主要质控点的质量监控，决定中间产品能否进入下道工序。

4.7 负责现场检查、督促生产过程工艺卫生、设备清洁、清场验收是否符合工艺要求。

4.8 负责监督车间材料员、仓库管理员，根据GMP要求对原辅材料的验收和使用，对不符合质量标准和质量要求又无批准手续的原辅材料有权制止投入生产。

4.9 负责建立产品的质量档案。

4.10 负责监督不合格品的报废、销毁工作。

4.11 负责过期的批生产记录、检验记录及药品质量档案等质量管理记录的报废、销毁工作。

4.12 负责协助质量部经理做好因药品质量问题退货、收回的处理工作。

4.13 负责协助质量部经理对用户的药品质量投诉和药品不良反应作调查处理工作，并有详细记录。

4.14 负责制定和修订物料、中间产品和成品的内控标准与检验操作规程。

4.15 参与GMP自检、验证工作。

4.16 负责质量部的产品档案、批生产记录及检验记录等文件的管理工作。

4.17 负责产品质量月报表的填写，并每月总结分析上月的产品质量情况，同时画出有关图表供质量部经理参考。

七、中心化验室职责

1 目的

明确中心化验室工作内容、义务及应承担的责任，加强质量控制。

2 适用范围

适用于中心化验室检验及车间化验工作。

3 职责

中心化验室主任、化验人员均对执行本职责负责，质量部经理负责监督考核。

4 内容

4.1 负责对物料、中间产品和成品进行检验，并出具检验报告。

4.2 负责对洁净室（区）的微生物数进行检测。

4.3　负责制定检验用设备、仪器、试剂、试液、标准品（或对照品）、滴定液、培养基等标准管理程序及标准操作规程。

4.4　负责对工艺用水（纯化水、注射用水）进行检测。

4.5　评价原料、中间产品及成品的质量稳定性，为确定物料贮存期、药品有效期提供数据。

4.6　参与制定和修订物料、中间产品和成品的内控标准和检验操作规程。

4.7　严格执行产品质量标准，按规定对物料进行复验，并出具复验报告单。

4.8　负责定期对留样产品进行检测，为确定产品的质量稳定性提供依据。

4.9　负责维护检验仪器设备，防止检验差错事故发生，保证检验工作正常运行。

4.10　负责菌种的验收、储存、保管、使用及销毁等工作。

八、中心化验室主任职责

1　目的

明确中心化验室主任工作内容、义务及应承担的责任，加强质量控制。

2　适用范围

适用于中心化验室主任开展工作。

3　职责

中心化验室主任对执行本职责负责，质量部经理负责监督考核。

4　内容

4.1　负责中心化验室及车间化验室的全面工作。

4.2　负责制定和修订物料、中间产品和成品的内控标准和检验操作规程。

4.3　负责组织制定检验用设备、仪器、试剂、试液、标准品（或对照品）、滴定液、培养基等标准管理程序及标准操作规程。

4.4　负责对物料、中间产品和成品的检验过程进行监督，并对所检验记录报告单进行复核，确认无误后签字，上交质量部。

4.5　负责定期检查仪器，提出检修计划。

4.6　组织质量检验工作的技术交流和专业技术培训，提高质量管理和检验人员的业务水平。

4.7　协助开展新产品开发工作及产品质量升级规划实施。

4.8　定期总结化验室工作，并向质量部汇报。

4.9　负责对标准品、对照品、检定菌及易燃、易爆和有毒物品的管理。

4.10　负责中心化验室有关工作的具体实施，使检验工作做到规范化、优质化，并对化验室安全工作、清洁卫生、工作秩序进行督促、检查。

4.11　参与GMP自检、验证工作。

4.12　负责化验室人员岗位SOP、卫生SOP、检验操作规程、仪器设备操作使用等培训。

九、化验员职责

1　目的

明确化验员工作内容、义务及应承担的责任，加强质量控制。

2 适用范围

适用于中心化验室、车间化验室检验工作人员。

3 职责

化验员对执行本职责负责，中心化验室主任负责监督考核。

4 内容

4.1 负责对物料、中间产品和成品进行检验，并将检验结果做好原始记录，待完成所规定的检查项目后，出具检验报告，复核签字后交中心化验室主任。

4.2 负责对洁净室（区）的微生物数进行检测。

4.3 负责对工艺用水（纯化水、注射用水）的质量检测。

4.4 负责定期对留样产品（大样）进行检验，为确定药品的质量稳定性提供数据。

4.5 负责配制检验用试剂、试液、标准液、缓冲液、滴定液及培养基等。

4.6 负责对超过贮存期的物料进行复验，复验要有记录，并在记录上注有复验字样，同时出具复验报告。

4.7 负责检定菌的传代和保存。

4.8 负责玻璃仪器的校正、清洗、干燥、贮存。

4.9 负责对检验仪器的清洁和保养。仪器使用后应有记录。

4.10 负责各检验室（化测室、无菌检查室、微生物检查室、仪器室、培养基配制室等）的清洁卫生。

4.11 负责所有检验记录、报告的整理和装订。

4.12 参与GMP自检、验证工作。

十、生产物料部职责

1 目的

为加强生产和物料管理，明确生产物料部工作职责，严格按GMP要求组织生产，保证每批产品能按预期的质量和数量完成生产。

2 适用范围

适用于生产物料部的管理工作。

3 职责

生产物料部全体人员对执行本程序负责，生产副总经理负责监督、考核。

4 内容

4.1 编制生产计划，坚持以销定产原则，以销售部提供的市场预测和签订合同为制订生产计划的主要依据。

4.2 生产管理

4.2.1 按GMP要求和生产作业计划组织和指挥生产。

4.2.2 编制批生产指令，按有关程序经审核，批准后下达，并负责监督检查批生产指令执行情况。

4.2.3 掌握物料情况，确保物料的供应。

4.2.4　掌握水、电、汽供应情况，及时发现和解决生产过程中的问题，争取各有关部门支持。

4.2.5　掌握了解空气净化系统运行情况，保证生产环境达到规定的洁净级别。

4.2.6　掌握生产前的各项准备工作及设备完好情况，保证生产顺利进行。

4.2.7　遇有异常情况难以按工艺规程执行时，应会同质量部及时处理，并将处理情况报告生产副总经理。

4.2.8　负责检查工艺卫生执行情况。

4.2.9　负责批生产记录的审查，确认后送质量部审核。

4.3　技术管理

4.3.1　负责制（修）订生产工艺规程。

4.3.2　组织制（修）订生产标准操作规程和审定标准操作规程。

4.3.3　负责组织生产技术分析会。

4.3.4　进行年度生产技术工作总结。

4.3.5　做好生产技术经济指标的统计和分析。

4.3.6　负责制（修）订生产原辅料、包装材料使用限额。

4.4　行政管理

负责生产员工日常行政管理。

4.5　物料管理

4.5.1　会同质量部对主要物料供应商质量体系进行审计与评估。

4.5.2　制定和执行各项物料管理制度和规程，按公司订标准采购物料。

4.5.3　确保生产物料的供应，组织物料采购与验收工作。

4.5.4　负责物料的贮存与发放管理，严格按照生产指令发放物料。

4.5.5　按"不合格品管理规定"管理不合格品。

4.5.6　负责标签、说明书、包装材料的印制、验收、贮存、发放等管理。

4.5.7　严格控制仓库物料储存条件，按照物料复验制度的规定对已到复验期的物料进行请验。

4.5.8　负责危险品的贮存与管理。

4.5.9　负责成品的入库验收、储存及发放管理。

4.5.10　根据本公司生产经营状况，负责编制物料采购计划。

十一、生产物料部经理工作职责

1　目的
明确生产物料部经理的工作职责。

2　适用范围
适用于生产物料部经理。

3　职责
生产物料部经理负责实施本职责，生产副总经理负责监督。

4　内容

4.1　负责生产管理工作，有效地组织生产，搞好设备、人力、物力等方面的积极平衡，指挥车间努力完成和超额完成月、季、年度的生产计划。

4.2　负责劳动管理和全员培训工作，不断提高职工文化技术水平和劳动生产率。

4.3　负责管理安全生产工作，及时消除不安全因素，努力避免各种事故的发生，保障公司财产及职工人身安全。

4.4　负责生产准备工作，保证生产任务的完成。

4.5　经常监督和检查车间生产任务的完成情况，发现问题及时采取措施，确保生产的均衡性。

4.6　负责中间产品的管理，缩短周期，减少生产资金占用。

4.7　负责技术管理工作，不断提高企业的技术水平。

4.8　负责组织编制和修订产品的工艺规程，及时组织解决日常生产中出现的技术问题。

4.9　搞好技术资料的管理归档工作，搞好技术情况工作，及时掌握国内外同行业的技术水平及发展动向。

4.10　负责对批生产记录的审核。

4.11　确保本部门人员都已经过必要的GMP及岗位操作的基础培训和继续培训，并根据实际需要适当调整培训计划。

十二、车间主任职责

1　目的

规范车间主任工作内容、义务及应承担的责任。

2　适用范围

适用于车间主任开展工作。

3　职责

车间主任对实施本职责负责，生产物料部经理负责监督、考核。

4　内容

4.1　负责按生产指令安排车间的生产。

4.2　负责管理车间的物料，减少生产过程中的损耗，降低成本。

4.3　负责监督车间员工按时按量完成生产任务，负责车间组织结构设置及人员岗位调配。

4.4　负责产品的质量控制。

4.5　负责保证生产过程中的安全，防止安全事故的发生。

4.6　负责督促车间员工对机器设备的维护与保养。

4.7　负责合理地调配人力物力，保证生产的正常。

4.8　负责车间生产纪律和工艺卫生的检查，保证工艺卫生符合洁净级别需要。

4.9　负责按时向上级汇报车间的生产状况。

4.10　负责向上级汇报车间的月、季完成生产计划的状况。

4.11　负责对本车间的批生产记录进行审查。

4.12　负责本车间操作人员岗位SOP、卫生SOP、设备操作使用等培训。

十三、车间工艺员工作职责

1　目的

明确车间工艺员的工作职责。

2　适用范围

适用于车间工艺员。

3　职责

车间工艺员负责实施本职责，车间主任负责监督。

4　内容

4.1　在车间主任的领导下，负责车间的工艺技术工作。

4.2　在车间主任的领导下编写车间生产工艺规程，组织有关人员编写岗位操作法以及其他有关文件。

4.3　根据生产物料部下达的生产指令单，向各班组下发各岗位的生产指令及领料安排。

4.4　根据化验室检测结果计算药品含量，并检查实际投料与检测结果是否相符，如有显著差异应立即停产并报生产物料部和质量部协助查找原因。

4.5　检查工艺处方及有关工艺纪律的执行情况。

4.6　指导有关操作人员的实际操作，督促检查各岗位工艺卫生情况。

4.7　检查指导操作人员完成本岗位生产记录，将其汇总并填写批生产记录。

4.8　对生产中出现的问题能及时发现并解决，不能解决的报车间主任解决。

十四、车间配制岗班长职责

1　目的

明确二车间（小容量注射剂车间）配制岗班长的工作内容、义务及承担的责任。

2　适用范围

适用于二车间配制岗班长职责的确认及对本组生产活动的管理。

3　职责

配制岗班长对实施本职责负责，二车间主任负责监督、考核。

4　内容

4.1　负责根据处方核对生产指令原辅料用量。

4.2　安排人员进行称量、备炭、浓配、稀配操作。

4.3　负责核对原辅料称量用量，保证配料的准确。

4.4　对配制的液体的质量负责，保证液体pH值、主药含量等指标符合要求。

4.5　安排人员按灭菌周期对浓配罐、稀配罐及输液管道清洗灭菌。

4.6　安排人员对滤芯进行清洗测试，保证滤器的过滤效果。

4.7 负责对新来到本岗工作的人员进行岗位培训。

4.8 负责监督本岗人员执行相关管理制度与操作程序的情况。

4.9 对本岗生产记录的及时、真实、准确填写负责。

第三节　生产管理（工艺规程）

一、头孢氨苄颗粒生产工艺规程

1.生产处方。

2.质量标准。

3.生产工艺流程。

4.生产环境、关键生产设备、计量器具配置。

5.生产操作过程及工艺条件。

6.包装操作。

7.收率、物料平衡计算。

8.质量监控。

1　生产处方

1.1　产品名称、编码

名称　　　　通用名称：头孢氨苄颗粒剂

　　　　　　英文名称：Cefalexin Granules

　　　　　　汉语拼音：Toubao，anbianKeli

编码　　　　125mg×9袋×300盒/件：FP-0025

　　　　　　125mg×10袋：

　　　　　　125mg×12袋×400盒/件：FP-0009

　　　　　　125mg×14袋×400盒/件：FP-0010

　　　　　　125mg×15袋：

1.2　产品剂型、规格、批量、概述

剂型　　　　颗粒剂

规格　　　　125mg

批量　　　　75.4万袋

有效期　　　24个月

批准文号　　国药准字H34020040

执行标准　　《中国药典》20年版二部

1.3　处方

原辅料名称	注册处方用量（制成1000袋）	生产处方用量（制成75.4万袋）	备注
头孢氨苄	125g（$C_{16}H_{17}N_3O_4S$）	94.25kg（$C_{16}H_{19}N_3O_4S$）	折干折纯
蔗糖	930g	701.22kg	辅料
糊精	8g	6.0kg	辅料
柠檬黄	0.0125g	9.4g	辅料
纯化水	适量（约54g）	适量（约40.7kg）	润湿剂
药用复合膜	420g	320kg	内包材

1.4　原辅料名称、代号、质量标准

原辅料名称	物料代码	质量标准文件编码
头孢氨苄	RM-0005	QS－RM－010－3
蔗糖	AM-0001	QS－AM－011－3
糊精	AM-0004	QS－AM－004－3
柠檬黄	AM-0008	QS－AM－013－3
纯化水	/	QS－PW－002－3
药用复合膜	PM-0010 PM-0015 PM-0011 PM-0016	QS－PM－004－3

2　质量标准

2.1　头孢氨苄颗粒中间产品（物料编码：IP-0004）质量标准

检验项目	内控标准
性状	本品为可溶性颗粒
水分	≤1.8%
酸度	4.2～5.8
粒度	≤13%
溶化性	可溶颗粒应全部溶化或轻微浑浊
含量	11.10%～11.80%

2.2 头孢氨苄颗粒成品质量标准

检验项目		法定标准	内控标准
性状		本品为可溶颗粒	本品为可溶颗粒
鉴别		在含量测定项下记录的色谱图中，供试品溶液主峰的保留时间应与对照品溶液主峰的保留时间一致	在含量测定项下记录的色谱图中，供试品溶液主峰的保留时间应与对照品溶液主峰的保留时间一致
检查酸度		pH值应为4.0~6.0	pH值应为4.2~5.8
水分		含水分不得超过2.0%	含水分不得超过1.8%
溶化性		应全部融化或轻微浑浊	应全部融化或轻微浑浊
粒度		不能通过一号筛与能通过五号筛的总和不得过供试量的15%	不能通过一号筛与能通过五号筛的总和不得过供试量的13%
装量差异		±8%	±7%
微生物限度	需氧菌总数	每1g不得过1000cfu	每1g不得过800cfu
	霉菌数与酵母菌总数	每1g不得过100cfu	每1g不得过80cfu
	大肠埃希菌	每1g不得检出	每1g不得检出
含量测定		本品含头孢氨苄（C16H17N3O4S）应为标示量的90.0%~110.0%	本品含头孢氨苄（C16H17N3O4S）应为标示量的92.0%~108.0%

2.3 头孢氨苄颗粒成品质量检验方法

头孢氨苄颗粒

Toubao，anbianKeli

Cefalexin Granules

本品含头孢氨苄（按$C_{16}H_{17}N_3O_4S$计）应为标示量的90.0%~110.0%。

【性状】本品为可溶颗粒。

【鉴别】在含量测定项下记录的色谱图中，供试品溶液主峰的保留时间应与对照品溶液主峰的保留时间一致。

【检查】酸度，本品，加水制成每1ml中含头孢氨苄（按$C_{16}H_{17}N_3O_4S$计）25mg的混悬液，依法测定（通则0631），pH值应为4.0~6.0。水分，本品，照水分测定法（通则0832第一法1）测定，含水分不得过2.0%。其他，应符合颗粒剂项下有关的各项规定（通则0104）。

【含量测定】取装量差异项下的内容物，混合均匀，精密称取适量（约相当于头孢氨苄，按$C_{16}H_{17}N_3O_4S$计0.1g），置100ml量瓶中，加流动相适量，充分振摇，使头孢氨苄溶解，再用流动相稀释至刻度，摇匀，滤过，精密量取续滤液10ml，置50ml量瓶中，用流动相稀释至刻度，摇匀，作为供试品溶液，照头孢氨苄项下的方法测定，即得。

【类别】同头孢氨苄。

【规格】按$C_{16}H_{17}N_3O_4S$计（2）125mg

【贮藏】遮光，密封，在凉暗处保存。

3 生产工艺流程图

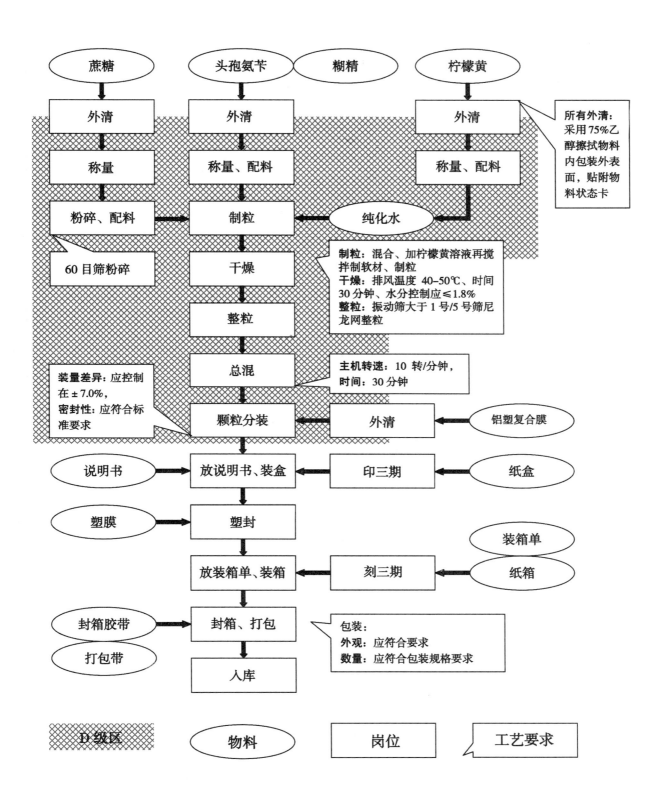

4 生产环境、关键生产设备、计量器具配置

4.1 生产环境一览表

功能间名称	功能间编号	洁净级别	温度	湿度
外清间	310716	一般生产区	/	/
气锁	310717	D级洁净区	18～26℃	45%～65%
原辅料存放间	310719	D级洁净区	18～26℃	45%～65%
粉碎间	310721	D级洁净区	18～26℃	45%～65%
称配间	310722	D级洁净区	18～26℃	45%～65%
制粒干燥间	310724	D级洁净区	18～26℃	45%～65%
总混间	310726	D级洁净区	18～26℃	45%～65%
中间站	310728	D级洁净区	18～26℃	45%～65%
内包材存放间	310718	D级洁净区	18～26℃	45%～65%
颗粒分装间1	310734	D级洁净区	18～26℃	45%～65%
颗粒分装间2	310735	D级洁净区	18～26℃	45%～65%
待包装品存放间	310742	一般生产区	/	/
外包间	310743	一般生产区	/	/

4.2 关键生产设备一览表

4.2.1 设备一览表

设备名称	型号	设备编号	生产能力	台数
振荡筛	ZS-515型	CO-01-016-00	150～500kg/h	1
高效粉碎机	30B型	CO-01-003-00	100～200kg/h	1
混合机	CH-200型	CO-01-004-00	10～120kg/锅	1
颗粒机	YK-160C型	CO-01-005-00	300kg/h	1
沸腾制粒干燥机	FL-150型	CO-01-007-00	20～150kg/锅	1
振荡筛	FS-1200型	CO-01-017-00	150～1200kg/h	1
混合机	VH-2000型	CO-01-008-00	50～1000kg/锅	1
双列颗粒包装机	SK-2型	CO-01-022-00	50～80袋/min	1
八列颗粒包装机	SK-8型	CO-01-023-00	280～320袋/min	1

4.2.2　设备SOP一览表

设备名称	设备操作文件编码	设备清洁文件编码
ZS-515型振荡筛	SOP-E.CO-012-3	SOP-EC.CO-012-3
30B型高效粉碎机	SOP-E.CO-002-3	SOP-EC.CO-002-3
CH-200型混合机	SOP-E.CO-003-3	SOP-EC.CO-003-3
YK-160C型颗粒机	SOP-E.CO-004-3	SOP-EC.CO-004-3
FL-150型沸腾制粒干燥机	SOP-E.CO-005-3	SOP-EC.CO-005-3
FS-1200型振荡筛	SOP-E.CO-013-3	SOP-EC.CO-013-3
VH-2000型V型混合机	SOP-E.CO-006-3	SOP-EC.CO-006-3
SK-2型两列颗粒包装机	SOP-E.CO-009-3	SOP-EC.CO-009-3
SK-8型八列颗粒包装机	SOP-E.CO-010-3	SOP-EC.CO-010-3

4.3　关键生产岗位SOP一览表

序号	工序	岗位SOP	清洁SOP
1	洗衣整衣岗位	SOP-P.CO-001-3	SOP-PC.CO-001-3
2	领退料岗位	SOP-P.CO-002-3	SOP-PC.CO-002-3
3	称量配料岗位	SOP-P.CO-004-3	SOP-PC.CO-004-3
4	粉碎过筛岗位	SOP-P.CO-003-3	SOP-PC.CO-003-3
5	制粒岗位	SOP-P.CO-005-3	SOP-PC.CO-005-3
6	干燥、整粒岗位	SOP-P.CO-006-3	SOP-PC.CO-006-3
7	总混岗位	SOP-P.CO-007-3	SOP-PC.CO-007-3
8	中间站岗位	SOP-P.CO-008-3	SOP-PC.CO-008-3
9	颗粒装袋岗位	SOP-P.CO-010-3	SOP-PC.CO-010-3
10	包装岗位	SOP-P.CO-012-3	SOP-PC.CO-012-3

4.4 计量器具配置一览表

工序	计量器具名称	工艺要求测量范围	精确度要求	配制数量
粉碎、过筛	压差表	−30 ~ 30Pa	1Pa	1
	温湿度计	−30 ~ 50℃	1℃	1
称配	压差表	−30 ~ 30Pa	1Pa	1
	温湿度计	−30 ~ 50℃	1℃	1
称配	1TCS−300型电子台秤	0 ~ 100.00kg	10g	1
	HC3002电子天平	0 ~ 300g	10mg	1
制粒 干燥 整粒	压差表	−30 ~ 30Pa	1Pa	1
	温湿度计	−30 ~ 50℃	1℃	1
	温度显示仪	0 ~ 999℃	1℃	1
	快速水分测定仪	2g ~ 10g	0.001g、0.01%	1
总混	压差表	−30 ~ 30Pa	1Pa	1
	温湿度计	−30 ~ 50℃	1℃	1
中间站	温湿度计	−30 ~ 50℃	1℃	1
	TCS−300型电子台秤	0 ~ 60.00kg	10g	1
颗粒 分装	压差表	0 ~ 60Pa	1Pa	1
	温湿度计	−30 ~ 50℃	1℃	1
	电子天平	0 ~ 220.000g	1mg	1

5 生产操作过程及工艺条件

5.1 原辅料、包装材料的领料

5.1.1 本岗位名称及所属区域

功能间名称	功能间编号	洁净级别
外清间	310716	一般生产区
气锁	310717	D级洁净区
原辅料存放间	310719	D级洁净区
内包材存放间	310718	D级洁净区

5.1.2　本岗位使用的操作规程

岗位名称	岗位SOP	岗位清洁SOP
领料岗位	SOP－P.CO－002－3	SOP－PC.CO－002－3

5.1.3　本岗位使用的设备

设备名称	设备编号	设备SOP	设备清洁SOP
/	/	/	/

5.1.4　操作过程

5.1.4.1　待领物料有：头孢氨苄、蔗糖、糊精、柠檬黄、铝塑复合袋、小盒、说明书、塑膜、胶带、外箱。

5.1.4.2　按生产部下达的生产指令单数量开出原辅料的领料单到仓库领取已检验合格的上述物料。

5.1.4.3　车间领料人员与仓库发料员领发料时应认真检查核对物料的品名、入厂批号、供应厂家、数量、有效期并查看原辅料进厂检验合格报告单，领料人员和仓库保管员签字后领取物料。

5.1.4.4　生产用原辅料领取后通过物流通道，将物料转运至头孢口服固体车间"外清间"，并在外清间拆除外包装后用75％的乙醇擦拭内包装外表面，打开气闸间外侧门将物料放入气闸间，关闭气闸间外侧门后开启紫外灯照射30分钟，通知洁净区人员打开气闸间内侧门将物料取出，两侧门不能同时打开，原辅料暂存于"物料存放间"备用，各物料应挂好《物料状态标识卡》，注明物料名称、批号、数量、处理状态、物料总件数等内容。

5.1.4.5　生产用内包装材料领取后通过物流通道，将内包装材料转运至头孢口服固体车间外清间，打开气闸间外侧门将物料放入气闸间，关闭气闸间外侧门后开启紫外灯照射30分钟，通知洁净区人员打开气闸间内侧门将物料取出，两侧门不能同时打开，打开气闸间外侧门将物料放入气闸间，关闭气闸间外侧门后开启紫外灯照射30分钟，通知洁净区人员打开气闸间内侧门将内包材取出，两侧门不能同时打开，内包材存放于"内包材存放间"备用，并挂好《物料状态标识卡》，注明物料名称、批号、数量、处理状态、物料总件数等内容备用。

5.1.4.6　外包材领用后通过货物流交接区，将物料转运至头孢口服固体外包间，由外包班长将说明书、小盒放入专柜进行管理，大箱置于规定区域，各物料应挂好《物料状态标识卡》，注明物料名称、批号、数量、处理状态等内容。

5.1.5 工艺条件

序号	检查项目	质量标准	检测方法	检测频次
1	物料信息	物料品名、批号、代码、数量应符合生产指令要求	现场跟踪	每批一次
2	物料外清	拆除外包装后，采用75%乙醇擦拭消毒物料内包装外表面	现场跟踪	每批一次
3	物料状态	物料状态标识清晰、正确	现场跟踪	每批一次

5.2 原辅料称量配料、粉碎过筛

5.2.1 本岗位名称及所属区域

功能间名称	功能间编号	洁净级别
称配间	310722	D级洁净区
粉碎间	310721	D级洁净区

5.2.2 本岗位使用的操作规程

岗位名称	岗位SOP	岗位清洁SOP
称量配料岗位	SOP—P.CO—004—3	SOP—PC.CO—004—3
粉碎过筛岗位	SOP—P.CO—003—3	SOP—PC.CO—003—3

5.2.3 本岗位使用的设备

设备名称	设备编号	设备SOP	设备清洁SOP
电子台秤	CO-F.W-001	SOP-E.CO-014-3	/
HC3002型电子天平	CO-F.W-003	SOP-E.CO-018-3	/
ZS-515振荡筛	CO-01-016-00	SOP-E.CO-012-3	SOP-EC.CO-012-3
30B型高效粉碎机	CO-01-003-00	SOP-E.CO-002-3	SOP-EC.CO-002-3

5.2.4 操作过程

5.2.4.1 称量配料操作过程

（1）称量备料人员按SMP-HM-005-3《生产人员进入生产区管理》穿戴好洁净服后进入头孢口服固体车间D级洁净区。

（2）称量备料人员开启称量备料间负压称量区捕尘风机，检查称量备料间压差相对D级走道应呈负压，检查岗位应有上次清场合格证，并在有效期内。

（3）开启电子秤，调整平衡度使平衡水泡点居中。

（4）将生产所需物料逐个转移至称量间并置于负压称量区；将物料整包装置于电子秤上复

核重量，将零头用洁净的物料桶或洁净塑料桶加双层聚乙烯塑料袋置于电子秤上清零，利用增重法称取生产所需物料，填写物料状态卡贴附于物料外表面，注明物料名称、批号、净重、操作人及复核人签字确认，再将物料储存于物料暂存间；剩余物料按原包装形式进行反口密封，填写退库单贴附于剩余物料外表面，注明物料名称、批号、有效期至、剩余数量、操作人及复核人签字确认等，最后集中退库。

（5）各物料按以上方法进行逐个称量，完成称量。

（6）称量结束后按SOP-PC.CO-004-3《称量配料岗位清洁标准操作规程》对设备、功能间进行清场、清洁，完成岗位清场记录。

5.2.4.2 粉碎过筛操作过程

（1）粉碎过筛岗位人员检查粉碎间是否有上次清场合格证，并在有效期内；选择60目粉碎筛网，检查筛网是否完好、清洁；最后安装于粉碎机内室，采用手动旋转检查设备，不得有卡滞、碰撞、摩擦现象。

（2）准备粉碎物料接收桶，内衬双层聚乙烯塑料袋；同时连接粉碎接收布袋，布袋出口置于聚乙烯塑料袋内层。

（3）粉碎过筛岗位人员将称量配料间的蔗糖转运至粉碎间，并确认物料品名、批号、净重应符合生产指令要求。

（4）开启除尘电机，确认功能间相对D级走道应呈负压，按SOP-E.CO-002-3《30B型万能粉碎机标准操作规程》启动设备，将蔗糖加入万能粉碎机的料斗中，物料通过60目粉碎过筛。

（5）每一料粉碎结束后，清理收集粉碎机内残留物料归入已粉碎物料中，再取另一料进行粉碎过筛，直至每一料粉碎结束。

（6）将粉碎过筛后的每一物料逐个转移至称量间置于负压称量区；将洁净的物料桶或洁净塑料桶加双层聚乙烯塑料袋置于电子秤上清零，利用增重法称取生产所需物料，填写物料状态卡贴附于物料外表面，注明物料名称、批号、净重、处理状态，操作人及复核人签字确认后，将物料转入制粒岗位，完成岗位生产记录。

（7）粉碎过筛结束后，拆除粉碎机筛网、振动筛网，再次检查粉碎筛网应完好，按SOP-EC.CO-002-3《粉碎过筛岗位清场标准操作规程》对设备、岗位进行清场、清洁，完成岗位清场记录。

5.2.5 工艺条件

5.2.5.1 称量配料工艺条件

序号	检查项目	质量标准	检测方法	检测频次
1	物料称量压差	粉碎过筛间与D级走道呈相对负压，应≤-5pa	压差记录	每批一次
2	电子秤校验	调平电子秤，采用标准砝码校验	现场跟踪	每批一次
3	物料称量误差	各物料称量误差应控制在±1%	实际称量与指令量之比	每批一次
4	物料状态	物料状态标识清晰、正确	现场跟踪	每批一次
5	剩余物料	剩余物料贴附退库单后退库	现场跟踪	每批一次

5.2.5.2 粉碎过筛工艺条件

序号	检查项目	质量标准	检测方法	检测频次
1	粉碎过筛间压差	粉碎过筛间与D级走道呈相对负压，应≤-5pa	压差记录	每批一次
2	粉碎筛网目数	60目	现场跟踪	每批一次
3	过筛筛网目数	60、80目	现场跟踪	每批一次
4	筛网完好性	使用前后均检查筛网应完好	现场跟踪	每批一次
5	物料状态	物料状态标识清晰、正确	现场跟踪	每批一次
6	粒度均一性	应全部通过60、80目标准筛	现场跟踪	每批一次

注：如原辅料供应商将物料粒度控制在≤80目时，可不通过粉碎直接投入使用。

5.3 工艺条件

5.4 制粒、干燥

5.4.1 本岗位名称及所属区域

功能间名称	功能间编号	洁净级别
制粒干燥间	310724	D级洁净区

5.4.2 本岗位使用的操作规程

岗位名称	岗位SOP	岗位清洁SOP
制粒岗位	SOP—P.CO—005—3	SOP—PC.CO—005—3
干燥、整粒岗位	SOP—P.CO—006—3	SOP—PC.CO—006—3

5.4.3 本岗位使用的设备

设备名称	设备编号	设备操作SOP	设备清洁SOP
CH-200型混合机	CO-01-004-00	SOP-E.CO-003-3	SOP-EC.CO-003-3
YK-160C型颗粒机	CO-01-005-00	SOP-E.CO-004-3	SOP-EC.CO-004-3
FL-150高效沸腾干燥机	CO-01-007-00	SOP-E.CO-005-3	SOP-EC.CO-005-3
FS-1200型方形振荡筛	CO-01-017-00	SOP-E.CO-013-3	SOP-EC.CO-013-3

5.4.4 操作过程

5.4.4.1 操作人员进入制粒、干燥、整粒岗位，检查岗位是否有上次清场合格证，检查生产设备状态应为"已清洁、完好"。

5.4.4.2 确认待制粒物料是否齐全，物料数量是否符合生产指令要求。

5.4.4.3 柠檬黄溶液的配制：将称量好的柠檬黄加入已称量好的纯化水中搅拌均匀备用。

5.4.4.4 将已称量配料好的蔗糖粉、糊精、头孢氨苄置于混合机内混合，加入柠檬黄溶液再搅拌制软材。

5.4.4.5 检查颗粒机是否完好清洁，按SOP-P.CO-005-3《制粒岗位标准操作规程》进行操作，制粒。

5.4.4.6　按SOP-P.CO-006-3《干燥、整粒岗位标准操作规程》进行干燥，将制好的湿颗粒放入高效沸腾干燥机中，沸腾制粒干燥机预热10~15分钟，设置干燥进风温度为60~70℃，排风温度40~50℃，干燥温度约50℃，干燥时间30分钟/料，水分控制≤1.8%。

5.4.4.7　检查1号/5号筛网完好清洁，将干燥好的颗粒用振荡筛过1号/5号筛整粒。

5.4.4.8　制粒岗位结束后按SOP-PC.CO-005-3《制粒岗位清洁标准操作规程》干燥、整粒，结束后按SOP-PC.CO-006-3《干燥、整粒岗位清洁标准操作规程》对岗位进行清场、清洁，完成岗位清场记录。

5.4.5　工艺条件

序号	检查项目	质量标准	检测方法	检测频次
1	柠檬黄溶液	纯化水	现场跟踪配制	每锅一次
2	预混合时间	20分钟	现场跟踪	每锅一次
3	制软材时间	15分钟	现场跟踪	每锅一次
4	制粒	应清洁完好	现场跟踪	随时
5	干燥温度及时间	进风温度：60-70℃， 干燥温度：40-50℃， 干燥时间：30分钟/料	现场跟踪	每锅一次
6	颗粒水分	快速水分测定仪测试应≤1.8%	现场跟踪	每锅一次
7	整粒	1号/5号筛网应清洁完好	现场跟踪	随时

5.5　总混

5.5.1　本岗位名称及所属区域

功能间名称	功能间编号	洁净级别
总混间	310726	D级洁净区

5.5.2　本岗位使用的操作规程

岗位名称	岗位SOP	岗位清洁SOP
混合岗位	SOP-P.CO-007-3	SOP-PC.CO-007-3

5.5.3　本岗位使用的设备

设备名称	设备编号	设备SOP	设备清洁SOP
VH-2000型V型混合机	CO-01-008-00	SOP-E.CO-006-3	SOP-EC.CO-006-3

5.5.4　操作过程

5.5.4.1　操作人员进入总混岗位，检查岗位是否有上次清场合格证，检查生产设备状态应为"已清洁、完好"。

5.5.4.2 将制粒、干燥、整粒岗位的干颗粒置于混合机的混桶中，上紧卡箍，物料容器转移出混合机运转范围，人员退出混合机运转范围。

5.5.4.3 设定混合机的混合时间30分钟，并按SOP-E.CO-006-3《混合机标准操作规程》启动设备对物料进行混合。

5.5.4.4 总混结束后，用内衬双层聚乙烯塑料袋的物料桶接收物料，扎紧袋口密封，贴附《物料状态标识卡》，注明物料名称、批号、数量、处理状态等内容，并签字确认交物料至车间中转站，同时建立中间站管理台账，中间站管理员填写请验单，现场QA进行取样送检中间体含量、水分等，由QA出具取样单。检验合格后，中间站管理员凭检验报告单撤换状态标识牌，凭放行单放行到下道工序。

5.5.4.5 完成岗位批生产记录。

5.5.4.6 生产结束后按SOP-PC.CO-007-3《混合岗位清洁标准操作规程》对岗位进行清场、清洁，完成岗位清场记录。

5.5.5 工艺条件

序号	检查项目	质量标准	检测方法	检测频次
1	混合电机主轴转速	10转/分钟	现场跟踪	每批一次
2	混合时间	30分钟	现场跟踪	每批一次
3	物料状态卡	清晰明确	现场跟踪	每批一次
4	中间体含量（湿品）	应为11.10%～11.80%	中间产品质量标准含量项	每批一次
5	颗粒水分	不得过1.8%	快速水分测定仪测试	每批一次

5.6 颗粒分装

5.6.1 本岗位名称及所属区域

功能间名称	功能间编号	洁净级别
颗粒分装间1	310734	D级洁净区
颗粒分装间2	310735	D级洁净区

5.6.2 本岗位使用的操作规程

岗位名称	岗位SOP	岗位清洁SOP
颗粒分装岗位	SOP－P.CO－010－3	SOP－PC.CO－010－3

5.6.3 本岗位使用的设备

设备名称	设备编号	设备SOP	设备清洁SOP
SK-2包装机	CO-01-022-00	SOP-E.CO-009-3	SOP-EC.CO-009-3
SK-8包装机	CO-01-023-00	SOP-E.CO-010-3	SOP-EC.CO-010-3

5.6.4　操作过程

5.6.4.1　操作人员进入颗粒分装岗位，检查岗位是否有上次清场合格证，检查生产设备状态应为"已清洁、完好"。

5.6.4.2　按SOP-E.CO-022-3、SOP-E.CO-023-3《颗粒包装机标准操作规程》安装已清洁、消毒、干燥的分装模具。

5.6.4.3　岗位人员接到颗粒分装指令后，向中间站管理员领取检验合格的中间产品，再次核对物料名称、规格、批号、数量、待处理状态等内容是否与生产指令一致，填写物料使用台账，将物料转运至颗粒分装间。

5.6.4.4　将物料颗粒分次置于颗粒分装机的物料斗中，设定分装机SK-2颗粒包装机，横封温度：180℃～190℃±1℃，纵封温度：170℃～180℃±1℃，运行速度：25次/min～40次/min。SK-8颗粒包装机，横封温度：180℃～190℃±1℃，二次加热100℃，纵封温度：180℃～190℃±1℃，运行速度：35次/min～40次/min。当加热达到设定温度后，采用点动形式调整装量及检测热合密封性等；在颗粒分装过程中随时检查装量、外观以便及时发现颗粒分装过程中出现异常，20分钟记录一次，控制装量差异±7.0%，用手挤压物料袋不得有漏气现象；当控制指标均符合要求后开机正常分装操作。

5.6.4.5　正常分装过程中随时监控装量差异、密封性等，如果发生偏差应立即停机，检查偏差原因后并调整，连续监控中间产品符合标准要求后才能继续分装操作；分装后的中间产品用物料袋包扎密封交车间中间站，同时建立中间站管理台账，完成岗位批生产记录。

5.6.4.6　生产结束后按SOP-PC.CO-010-3《颗粒分装岗位清场标准操作规程》对岗位进行清场、清洁，完成岗位清场记录。

5.6.5　工艺条件

序号	检查项目	质量标准	检测方法	检测频次
1	外观	包装袋字迹清晰、产品批号和有效期至等相关信息准确；袋应整洁、封口严密	现场跟踪	随时
2	装量差异	装量差异应控制在±7.0%	逐袋称量计算	20分钟/次

5.7　中间产品的贮存

5.7.1　总混后的中间产品密封储存于内衬双层聚乙烯物料袋的物料桶中外加桶盖，置于规定区域，存储条件：温度18～26℃、湿度45%～65%；储存周期不得超过20天。

5.7.2　颗粒分装后的中间产品存放于物料周转桶中外加桶盖或洁净物料袋中，储存于中间管理站或待包装品暂存间。

5.8　注意事项

5.8.1　生产过程中随时检查各岗位相对压差应符合标准要求，否则应立即停止生产操作，通知车间管理员及QA进行产品质量分析、处理。

5.8.2　生产各岗位应严格按照规定的工艺参数进行生产控制，不得随意更改生产工艺参数。

5.8.3　中间产品检验结果应符合头孢氨苄颗粒中间产品质量标准要求，检验结果合格后方可进行分装等操作。

6 包装

6.1 包装材料名称、代号、类型、质量标准

包装材料名称	代码	类型	质量标准编码
头孢氨苄颗粒铝塑复合	PM-0010 PM-0015	I类包装材料	QS-PM-004-3
头孢氨苄颗粒小盒	PM-0038 PM-0039	印刷包装材料	QS-PM-007-3
头孢氨苄颗粒说明书	PM-0027 PM-0028	印刷包装材料	QS-PM-008-3
头孢氨苄颗粒外箱	PM-0050 PM-0051	印刷包装材料	QS-PM-006-3
收缩膜	OM-0010	一般包装材料	/
合格证		一般包装材料	/

6.2 包装规格

序号	名称	数量	包装规格	备注
1	小盒	6.28万只	12袋/盒×10盒/塑封×400盒/件	
2	说明书	6.28万张	/	
3	大箱	157只	12袋/盒×10盒/塑封×400盒/件	
4	小盒	5.38万只	14袋/盒×10盒/塑封×400盒/件	
5	说明书	5.38万张	/	
6	大箱	134只	14袋/盒×10盒/塑封×400盒/件	
7	小盒	8.37万只	9袋/盒×10盒/塑封×300盒/件	
8	说明书	8.37万张	/	
9	大箱	279只	9袋/盒×10盒/塑封×300盒/件	

6.3 包装操作

6.3.1 外包材的领用

6.3.1.1 外包领料员根据外包装指令填写外包材需料单，车间管理员及QA签字确认后，送仓库进行领料，仓库按需料单的品名、规格、包装规格及数量进行计数送料。

6.3.1.2 领料员与仓库发货员进行物料交接，核对物料的品名、规格、包装规格及数量应与包装指令一致，最后将外包材转运至外包间，将说明书存储于说明书专用柜中，小盒储存于小盒暂存区，大箱储存于大箱暂存区，收缩膜存储于外包材专用柜中，同时建立外包材使用台账。

6.3.2 小盒三期印字

6.3.2.1 小盒打印人员根据批包装指令在打码机操作屏上输入打印生产批号、生产日期、

有效期至内容，根据小盒打印位置的尺寸调整文字内容的大小，调整分盒输送轨道尺寸至小盒宽度，采用点动形式试打小盒。

6.3.2.2　试打印小盒文字应清晰、位置准确、内容正确，同时申请外包班长及QA进行复核，正确无误后，将小盒打印计数器归零，锁定操作屏输入内容。

6.3.2.3　小盒打印人员计数领取待打印小盒，填写小盒使用台账后，将小盒转运至打印区。

6.3.2.4　将小盒逐扎放入打码机分盒输送轨道上，调整打码机为自动，启动分盒输送轨道电机，小盒逐个进入输送轨道，当激光感应探头感应到小盒后进行打码操作。

6.3.2.5　小盒收集人员将打印后的小盒进行收集，随时检查打印清晰度及位置应符合标准要求，剔除打印不合格小盒置于不合格品专用筐中，将打印合格的小盒收集于纸箱中，每满一箱立即封口，贴附物料状态卡，注明物料品名、规格、批号、数量、状态等，操作人及复核人签字确认。

6.3.2.6　小盒三期打印结束后，将打印后的小盒存放规定区域，统计小盒剩余数量，按原包装形式进行密封，贴附退料单办理退库，收集清点小盒打印过程中不合格总数，完善小盒使用台账；同时在QA监督下将打印不合格小盒进行撕毁，填写小盒销毁记录。

6.3.2.7　完善小盒打印批记录。

6.3.3　大箱打印

6.3.3.1　根据批包装指令调整刻制字粒，使刻制产品批号、生产日期、有效期至的内容与批包装指令一致。

6.3.3.2　采用废旧纸箱外表面模拟刻制三期，申请包装班长及QA核对纸箱刻制三期内容应符合包装指令要求。

6.3.3.3　操作人员领取大箱，核对大箱品名、规格、包装规格应符合批包装指令要求，计数领出大箱至三期打印区。

6.3.3.4　对应大箱的生产品名、生产时间、有效期至的位置，刻制相应的文字内容，随时检查大箱三期刻制质量应位置准确，文字内容正确、清晰。

6.3.3.5　大箱刻制结束后，将刻印后的大箱存放规定区域，统计大箱剩余数量，采用塑料袋进行捆扎，贴附退料单办理退库，收集清点大箱打印过程中不合格总数，在QA监督下将打印不合格大箱进行撕毁，填写大箱销毁记录。

6.3.3.6　完善大箱打印批记录。

6.3.4　包装操作

6.3.4.1　包装班长及QA再次核对印刷性包装材料的品名、规格及包装规格是否与包装指令一致，同时将待包装产品分发至各包装人员。

6.3.4.2　操作人员向包装班长领取已打印好的纸盒、说明书、收缩膜、纸箱等外包装材料；包装班长计数发放印刷性包装材料，同时填写发放记录。

6.3.4.3　包装操作人员将待包装产品逐量缓慢放在包装桌上，检查袋外观质量应符合要求，剔除密封不严、压痕不均匀、切袋位置偏移等不合格产品，将合格待包装产品根据包装规格的数量与一张说明书放入一个小盒中，折合两端耳完成单盒的包装，每包装10盒后，将10盒装入一个收缩膜成条暂存于周转筐中，根据包装规格数量成箱进行热缩。

6.3.4.4 将待收缩产品逐条放入热收缩机中进行热收缩成条，将大箱底部四耳折合，采用印有公司名称塑料透明胶密封，在大箱中放入一张垫箱板，将成条的全部成品放入大箱中，每一箱放入一张装箱合格证，放入垫箱板后折合大箱上部四耳，采用印有公司名称塑料透明胶密封成箱，最后采用打包带进行捆扎，完成整批包装后办理寄库手续。

6.3.4.5 完成批包装记录。

6.3.5 清场、清洁

6.3.5.1 清理可再利用说明书、收缩膜，统计剩余数量，完善外包材使用记录，在相应包材外表面贴附退库单后将物料退回仓库。

6.3.5.2 清理包装过程中不可再利用的小盒、说明书、大箱、收缩膜，统计损耗数量，填写外包材销毁记录，同时在QA监督下进行销毁处理。

6.3.5.3 按外包装岗位清场标准操作规程进行清场、清洁，完成岗位批清场记录。

6.4 注意事项：

6.4.1 进入外包岗位的外包装材料均应建立物料使用台账，发放时应计数发放，填写物料发放记录。

6.4.2 不合格待包装品，不得随意储存，应集中收集填写不合格品销毁处理单，在QA监督下进行销毁。

6.4.3 外包装材料平衡率均应达到100%，否则应查找原因，不可再利用外包材集中收集后，填写外包材销毁记录，并在QA监督下销毁。

7 收率、物料平衡计算

7.1 成品收率、物料平衡计算

物料名称	单位	收率计算公式	收率限度
本批投料数（a）	袋	$b/a \times 100\%$	$89.5\% \sim 99.5\%$
本批实际包装数（b）	袋		
各工序不可利用数（c）	袋		
取样数（d）	袋		
留样数（e）	袋		

7.2 各工序收率、物料平衡计算

工序	单位	收率计算公式	收率限度	物料平衡计算公式	物料平衡限度
粉碎过筛	kg	$b/(a-d) \times 100\%$	$98.0\% \sim 100.0\%$	$(b+c+d)/a \times 100\%$	$\geq 99.0\%$
称量备料	kg	$b/(a-d) \times 100\%$		$(b+c+d)/a \times 100\%$	
制粒、干燥	kg	$b/(a-d) \times 100\%$	$95.0\% \sim 100.0\%$	$(b+c+d)/a \times 100\%$	$\geq 98.0\%$
总混	kg	$b/(a-d) \times 100\%$		$(b+c+d)/a \times 100\%$	
颗粒分装	kg	$b/(a-d) \times 100\%$	$96.0\% \sim 100.0\%$	$(b+c+d)/a \times 100\%$	$\geq 98.5\%$

注：以上公式中a表示物料领用量，b表示使用合格量，c表示使用损耗量，d表示使用剩余量。

7.3 包装材料收率、物料平衡计算

工序	包装材料名称	单位	收率计算公式	物料平衡计算公式	物料平衡计算公式	物料平衡限度
印字包装	说明书、小包装、大包装	领用量（a） 使用量（b） 损耗量（c） 剩余量(d)	张、个、套 张、个、套 张、个、套	b/（a-d）×100%	(b+c+d)/a×100%	100%

8 质量监控

8.1 生产过程监控

工序	监控项目	监控标准	检查方法或仪器	检查频次
称量配料	称量误差	误差控制在±1%	实际称量与批准量之比	1次/批
粉碎过筛	筛网目数	辅料60目筛网，原料80目筛网	筛网标识	1次/批
	筛网完好性	不得有破损、毛刺等	目视	2次/批
制粒干燥整粒	预混合时间	20分钟	数显温湿度计	1次/批
	制软材时间	15分钟	数显温湿度计	1次/批
	制粒筛网目数	20目	筛网标识	1次/批
	干燥温度	40~50℃	温度显示仪读数	随时
	干燥时间	30分钟	时钟计时	1次/批
	整粒筛网目数	1号/5号筛	筛网标识	1次/批
总混	混合速度和时间	主机转速10转/分钟，30分钟	数显温湿度计，频率设定	1次/批
颗粒装袋	装量差异	±7.0%	逐袋称量，计算差异	随时
	密封性	应符合规定	挤压试验	随时

8.2 生产环境监控

8.2.1 生产中环境监控：环境控制（监控点：控制标准含尘埃粒子数和沉降菌、警戒标准、监控周期）标准。

8.2.1.1 洁净区悬浮粒子控制标准

（1）各级洁净区（室）对空气悬浮粒子的法定标准要求

洁净级别	悬浮粒子最大允许数/立方米			
	静态		动态	
	≥0.5μm	≥5μm	≥0.5μm	≥5μm
A	3520	20	3520	20
C	352000	2900	3520000	29000
D	3520000	29000	不做规定	不做规定

（2）各级洁净区（室）对空气悬浮粒子警戒限和行动限要求

洁净度级别	悬浮粒子最大允许数/立方米							
	静态				动态			
	≥0.5μm		≥5μm		≥0.5μm		≥5μm	
	警戒限	行动限	警戒限	行动限	警戒限	行动限	警戒限	行动限
A	2650	3000	15	17	2650	3000	15	17
C	265000	300000	2200	2500	265000	300000	2200	2500
D	2650000	3000000	22000	25000	不做规定	不做规定	不做规定	不做规定

8.2.1.2　各级洁净区（室）对微生物限度的要求

（1）各级洁净区（室）对浮游菌的限度要求

洁净级别	浮游菌cfu/m³					
	静态			动态		
	法定标准	警戒限	行动限	法定标准	警戒限	行动限
A	<1	--	--	<1	--	--
C	50	25	80	100	50	80
D	100	50	80	200	100	160

（2）各级洁净区（室）对沉降菌的限度要求

洁净级别	沉降菌（φ90mm）cfu/皿					
	静态/0.5h			动态/4h [注1]		
	法定标准	警戒限	行动限	法定标准	警戒限	行动限
A	<1	--	--	<1	--	--
C	3	1	2	50	38	40
D	10	5	8	100	75	80

【注1】：单个沉降碟的暴露时间少于4小时，同一位置可使用多个沉降碟连续进行监测并累积计数。

（3）各级洁净区（室）动态下对表面微生物（接触碟）的限度要求

洁净级别	接触碟（φ55mm）cfu/碟					
	静态			动态		
	法定标准	警戒限	行动限	法定标准	警戒限	行动限
A	<1	--	--	<1	--	--
C	5	2	4	25	12	20
D	10	5	8	50	25	40

（4）其他要求

监测项目	监测标准
温湿度	根据产品及操作的性质制定，一般为温度：18～26℃；湿度：45%～65%
压差	洁净区与非洁净区的静压差和不同洁净级别间的静压差≥10Pa 相同洁净级别不同功能区域之间保持适当的压差梯度，一般≥5Pa
换气次数	C级：30次/h，D级：≥20次/h
过滤器泄漏性测试	挑战性试验（气溶胶法）：单个过滤器的泄漏率≤0.01%
风速	均匀送风，风速为0.36～0.54m/s（仅适用于A级）

8.2.2　环境监测的项目和频次

8.2.2.1　每天对温湿度、压差进行监测，上下午各一次。

8.2.2.2　每半年测定一次洁净区风速（限A级）及换气次数，自净时间和过滤器完整性，更换过滤器后完整性测试符合要求后才允许使用，并对悬浮粒子和微生物进行监测，监测频率见下表：

监控区（洁净度级别）		监测项目	动态	静态
口服固体制剂 生产区域	D级	沉降菌、浮游菌	每季度一次	每半年一次
		悬浮粒子	不做要求	每季度一次
化验室	C级	沉降菌、浮游菌	每季度一次	每半年一次
		悬浮粒子	每季度一次	每半年一次
实验室	C级背景下的A级	悬浮粒子、浮游菌、沉降菌	每月一次	每月一次
		表面微生物	每周实验	

二、灭菌注射用水（2ml）工艺规程

1.生产工艺流程图。

2.生产处方。

3.生产操作要求。

4.设备一览表及主要设备生产能力。

5.生产步骤说明。

6.所有质量控制方法及合格标准。

7.技术经济指标的计算。

8.包装操作要求。

9.技术安全、工艺卫生及劳动保护。

10.工艺规程的变更。

11.劳动组织与岗位定员。

1 生产工艺流程图

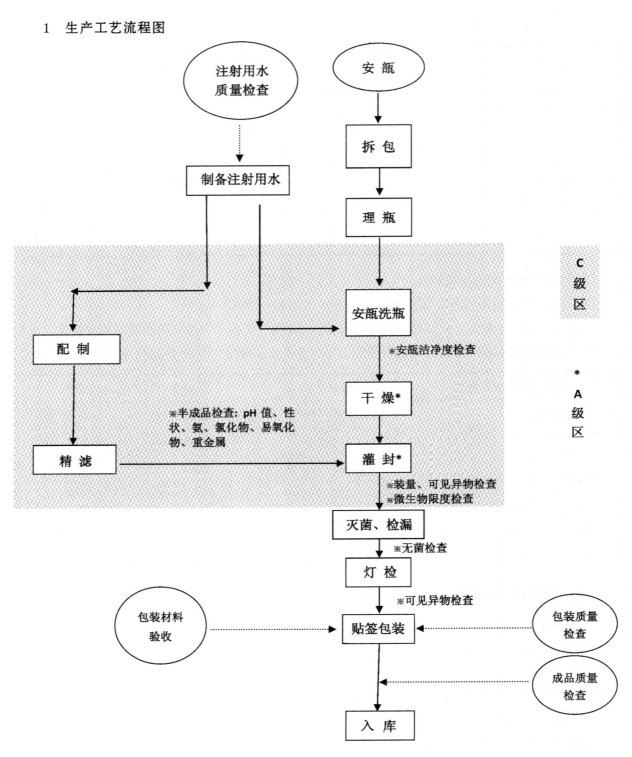

2 生产处方

2.1 产品名称

通用名：灭菌注射用水

英文名：Sterile Water for Injection

汉语拼音：Miejun Zhusheyong Shui

本品成分：注射用水

化学名称：注射用水

分子式：H_2O

分子量：18.02

性状：本品为无色或几乎无色澄明液体；无臭，无味。

药品批准文号：国药准字H20084303。

贮藏：密闭保存。

有效期：36个月。

2.2　产品规格、剂型、产品代码、批量

［规格］：2ml

［剂型］：小容量注射剂

［产品代码］：C11

生产批量：86000支/批

2.3　工艺处方和依据

工艺处方（以1000支计）

品名：灭菌注射用水

规格：2ml

注射用水　　　　　　加至全量

————————————————————

全量　　　　　　　　1000支

处方依据：《中国药典》2010年版二部

3　生产操作要求

生产场所说明（操作间的位置、洁净度洁别、温湿度要求）

操作间	操作间洁净度级别	位置编号	操作间温湿度要求	
			温度	湿度
安瓿洗瓶间	C级区		18～26℃	45%～75%
称量间	C级区		18～26℃	45%～75%
备炭间	C级区		18～26℃	45%～75%
浓配间	C级区		18～26℃	45%～75%
稀配间	C级区		18～26℃	45%～75%
灌封间	C级区（A级区）		18～26℃	45%～75%
灭菌间	一般生产区	一般生产区	/	/
灯检间	一般生产区	一般生产区	/	/
包装间	一般生产区	一般生产区	/	/

4 设备一览表及主要设备生产能力

设备编号	设备名称	型号/规格	生产厂家	生产能力	设备SOP
XYL/F001	安瓿立式超声波清洗机	AQCL80	楚天科技股份有限公司	20000支/小时	AQCL80安瓿立式超声波清洗机操作规程
XYL/F002	隧道式灭菌干燥机	KS2620/38-L	楚天科技股份有限公司	20000支/小时	KSZ620/38-L隧道式灭菌干燥机操作规程
XYL/F003	安瓿灌封机	AGF8E	楚天科技股份有限公司	20000支/小时	AGF8E型安瓿灌封机操作规程
XYL/F004	稀配罐	YTP03-0.3	温州市美能达轻工机械有限公司	300L	YTPG03-0.3型稀配罐操作规程
XYL/F005	浓配罐	YTP03-0.1	温州市美能达轻工机械有限公司	100L	YTPG03-0.1型浓配罐操作规程
XYL/F007	对开门热风循环烘箱	DMH-2	南京神威制药设备有限公司	0.64m^3	DMH净化式对开门烘箱操作规程
XYL/Y008	手控脉动真空灭菌器	XG1PS-0.24	山东新华医疗器械股份有限公司	0.24m^3	XG1.PS-0.24型手控脉动真空灭菌器操作规程
XYL/Y010	手动门安瓿灭菌柜	XG1OSB-1.2B	山东新华医疗器械股份有限公司	1.2m^3	XG1.0SB-1.2B型手动门安瓿灭菌器操作规程
XYL/F011	澄明度检测仪	CM-2	天津市国铭医药设备有限公司	——	CM-2型可见异物测试仪操作规程
XYL/F012	澄明度检测仪	CM-2	天津市国铭医药设备有限公司	——	CM-2型可见异物测试仪操作规程
XYL/F013	澄明度检测仪	CM-1	天津市国铭医药设备有限公司	——	CM-2型可见异物测试仪操作规程
XYL/F014	蠕动泵	BT100M	保定申辰泵业有限公司	——	BT-M型蠕动泵操作规程
XYL/F015	气泡点测试仪	QP-IV	无锡求新药化设备厂	——	过滤器完整性在线检测仪操作规程
GC/F003-7	纯化水储罐	WCG10000	宁波振国制药设备制造有限公司	10t	纯化水系统使用及维护保养操作规程
GC/Y005-1	汽水分离多效蒸馏水机	LD2000-6	宁波振国制药设备制造有限公司	2t	注射用水系统使用及维护保养操作规程
GC/F003-5	二级反渗透装置	SDX10T/T	宁波振国制药设备制造有限公司	10t	注射用水系统使用及维护保养操作规程
GC/Y005-3	注射用水储罐	WZH4000	宁波振国制药设备制造有限公司	4t	纯化水系统使用及维护保养操作规程
GC/Y005-4	自动恒温夹层蒸馏水罐	WZH4000	宁波振国制药设备制造有限公司	4t	注射用水系统使用及维护保养操作规程

5　生产步骤说明

生产操作过程包括：

（1）包装材料的领用。

（2）生产准备。

（3）理瓶与洗瓶。

（4）干燥。

（5）配液。

（6）灌封。

（7）灭菌。

（8）灯检。

（9）贴签。

（10）纸盒印批号。

（11）纸箱印批号。

（12）合格证印批号。

（13）包装。

5.1　包装材料的领用

5.1.1　待领物料有：安瓿、标签、说明书、纸箱、纸盒等。

5.1.2　根据生产批量开出包装材料的领料单到仓库领取已检验合格的上述物料。

5.1.3　领料人员与仓库管理员领发料时应认真查核对其品名、规格、批号、厂家、数量并查看包装材料进厂检验合格报告单，领料员和仓库管理员签字后领取物料。

5.1.4　物料进入物净间后，拆除外包装，去除外包装的物料要注意重新标志，注明品名、规格、厂家、批号、数量等，物料在拆包检查时应有合格证，如发现有霉变、变色、受潮、结块、内外包装破损等不得使用；经处理的物料传入各相应的操作间，挂上物料状态牌，待用。

5.2　生产准备

5.2.1　准备好生产用的消毒剂，各岗位做好清洁卫生，确认其清场合格，衣服、鞋等已准备好。

5.2.2　准备好干燥、洁净的接药及装药用具和生产用的包装材料。

5.2.3　直接接触药品的容器具提前做好准备进行灭菌处理。

5.2.4　车间根据该生产产量拟定各工序生产人员。

5.2.5　生产设备完好，调试正常。

5.2.6　注射用水、纯化水、饮用水、蒸汽、纯蒸汽、燃气、压缩空气等处于正常供应状态。

5.3　理瓶

5.3.1　生产前准备

5.3.1.1　按人员净化操作规程进入一般生产区至理瓶间。

5.3.1.2　核对当班生产的药品名称、规格、批号、数量。

5.3.1.3　根据指令卡领取安瓿瓶至安瓿暂存间，并核对其规格、批号、数量等。

5.3.1.4　检查并确认岗位卫生状态符合要求，并有清场合格证。

5.3.1.5　调试进瓶传送带检查运行情况是否良好。

5.3.2 理瓶操作

5.3.2.1 将安瓿搬至理瓶间，打开外包装，取出内包装，打开内包装将安瓿整齐排放于一理瓶托盘内，除去内包装盒，经传送带气闸传入洗瓶间灌水。

5.3.2.2 将挡瓶链条放在进瓶传送带的末端。

5.3.2.3 从安瓿外包装内取出内包装，打开内包装将安瓿整齐排放于进瓶传送带上，除去内包装盒，将安瓿整理平整紧密。

5.3.2.4 与洗瓶间联系好开启进瓶传送带，将安瓿摆上传送带传至洗瓶间。

5.3.2.5 理瓶过程中剔除不合格的安瓿，倒瓶及时整理，来不及整理的应立即通知洗瓶间人员整理，杜绝倒瓶进入洗瓶间而引起破瓶。

5.3.3 理瓶结束

5.3.3.1 摆瓶结束，在瓶后方加上挡瓶链条，将安瓿瓶全部传入洗瓶间并通知洗瓶间人员。

5.3.3.2 将剩余安瓿瓶结料，做好相关记录。

5.3.3.3 按一般生产区清洁操作规程清场。

5.4 安瓿清洗干燥

5.4.1 工艺条件

5.4.1.1 洗瓶工序在C级区，局部（输送带）为A级洁净区。

5.4.1.2 调节注射用水水压0.2～0.4Mpa，压缩空气气压至0.3～0.6Mpa，循环水0.3～0.5Mpa。

5.4.1.3 过滤器滤芯为0.22μm（注射用水）。

5.4.1.4 洗瓶设备：AQCL80型安瓿立式超声波清洗机。

5.4.1.5 干燥设备：KS2620/38-L型隧道式灭菌干燥机。

5.4.1.6 洗瓶速度：20000支/小时。

5.4.1.7 安瓿清洗干燥至灌封时间不得超过6小时。

5.4.2 安瓿清洗干燥前准备

5.4.2.1 操作人员按C级区人员净化操作规程进入C级区至洗瓶间。

5.4.2.2 核对当班生产的药品名称、规格、批号、数量。

5.4.2.3 检查并确认岗位卫生状态符合要求，并有清场合格证。

5.4.2.4 按设备操作规程检查并调试设备至符合运行要求。

5.4.2.5 检查工艺用水及压缩空气供应符合要求。

5.4.3 操作过程

5.4.3.1 将干燥机电源打开，设定工作温度280℃，然后开始升温。

5.4.3.2 关闭注射用水循环阀，开启冷却水电源，设定注射用水水温在50℃，慢慢打开注射用水阀，经水的流速将注射用水水温控制在40～60℃。将洗瓶机的溢水管插好，关闭排水闸阀，打开注射用水入槽阀门，给清洗槽注水。

5.4.3.3 通知理瓶人员整理一小理瓶安瓿经输瓶传送带传入安瓿清洗间。

5.4.3.4 开启循环泵，同时将循环水过滤罩内的空气排尽，水泵启动时储水槽内的水位会下降导致水箱水位不足报警，这时应打开注射用水入槽阀门，将水槽注满水。

5.4.3.5 打开喷淋水阀，将小理瓶安瓿慢慢放入喷淋水下灌水，将盘内安瓿瓶灌满水后，关闭循环泵，翻开喷淋板，将灌满水的安瓿瓶整齐摆放于洗瓶进瓶口，盖上喷淋板。

5.4.3.6　待干燥机达温后，联系理瓶间人员传瓶，并开启传送带。

5.4.3.7　待安瓿瓶传至与进瓶口处安瓿瓶相接时，慢慢将挡瓶链条取出，将瓶整理整齐。

5.4.3.8　将外壁冲洗的循环水阀打开，将吹外壁的压缩空气阀打开。

5.4.3.9　启动"自动运行"，慢慢将速度旋钮，调到与容器规格相适应的位置，开始洗瓶。

5.4.3.10　生产过程中及时填写安瓿清洗记录。

5.4.4　安瓿清洗干燥结束

5.4.4.1　待安瓿全部清洗完进入隧道烘箱后，在干燥器操作画面上点击走带手动操作。

5.4.4.2　关闭注射用水冷却电源，关闭注射用水阀，打开注射用水循环阀，关闭压缩空气阀，将洗瓶机停机，切断洗瓶机，打开贮水箱排水阀，贮水箱水排空。

5.4.4.3　待干燥机内部瓶子走至冷却段后，开启"夜间启动"，瓶子走完后停止"夜间启动"，当烘箱内温度降到100℃以下时，干燥机会自动停止，切断干燥器的电源。

5.4.4.4　如果要求网带上瓶子不须走完，开启"夜间启动"，各层流风机会一直运转以保护网带上的瓶子处在A级层流保护下。

5.4.4.5　按清洁操作规程清洁消毒设备及工序清场。

5.5　配制

5.5.1　工艺条件

5.5.1.1　本岗位为C级洁净区。

5.5.1.2　pH值控制在5.5～6.5。

5.5.1.3　药液从稀配完到灭菌时间不得超出8小时。

5.5.1.4　设备：YTPG03-0.3型稀配罐。

5.5.1.5　滤器：0.45μm及0.22μm筒式折叠过滤器。

5.5.2　配制前准备

5.5.2.1　操作人员按C级区人员净化操作规程进入C级区操作间。

5.5.2.2　了解当班生产药品名称、批号、规格、数量等。

5.5.2.3　检查岗位卫生状态及设备是否正常，确认有清场合格证。

5.5.2.4　确认工艺用水及压缩空气供应符合要求。

5.5.2.5　安装过滤器并确认管道等符合要求。

5.5.3　操作过程

5.5.3.1　关紧稀配罐底出料口阀门，打开注射用水阀门，按生产指令加注射用水配制全量，关闭注射用水阀门。

5.5.3.2　启动卫生泵，循环20分钟。

5.5.3.3　用无水洁净玻璃瓶取样，用注射用水荡洗玻璃瓶3遍，在回流管处接取药液1000ml，盖塞，送中心化验室进行中间产品检测。

5.5.3.4　中间产品检查合格后，通知灌封组，准备灌封。

5.5.3.5　生产过程中及时填写配制记录。

5.5.4　结束操作

5.5.4.1　在30分钟内按稀配罐清洗灭菌操作规程和输料管道清洗灭菌操作规程清洗。

5.5.4.2 按过滤器清洗灭菌操作规程清洗。

5.5.4.3 清除的药用炭渣做废弃物处理。

5.5.4.4 按清场要求进行清场清洁操作。

5.6 灌封

5.6.1 工艺条件

5.6.1.1 本岗位为C级洁净区，灌封操作在A级层流罩下进行。

5.6.1.2 生产设备：AGF8E型安瓿灌封机；生产能力20000支/小时。

5.6.2 灌封前准备

5.6.2.1 操作人员按C级区人员净化程序操作规程进入C级区至灌封间。

5.6.2.2 检查并确认岗位卫生状态符合要求，并有清场合格证。

5.6.2.3 打开A级层流，按设备操作规程检查并调试设备至符合运行要求。

5.6.2.4 检查燃气及惰性气体供应符合要求。

5.6.2.5 根据当班生产的品种准备好相应的各种用具。

5.6.2.6 打开相应的玻璃门，在A级层流下拆开袋后按编号安装好当班生产产品需要的灌药器，关好玻璃门。

5.6.2.7 接到配制岗通知打开进液阀将药液送至高位槽，将灌药器与高位槽连接，穿上操作手套手动操作将灌装管路充满药液，排空管内空气。

5.6.2.8 洗瓶岗送瓶出烘箱时，观察如有倒瓶、破瓶，及时戴上操作手套用镊子将倒瓶扶正并剔除破瓶。

5.6.2.9 开启输瓶网带，待安瓿瓶送至绞龙处取出挡瓶链条，并整理安瓿瓶整理摆平。

5.6.2.10 启动绞龙，灌封几组瓶，再停止绞龙，测量装量并经装量调节阀调节，灌装时同时调节燃气流量计开关，使火焰符合封口状态，重复操作使装量及火焰调节至符合要求，尽量减少药液及包材浪费。

5.6.3 操作过程

5.6.3.1 准备工作就绪后，联系上下工序，开启安瓿灌封机开始灌封。

5.6.3.2 设置"取样操作"，将自动取样间隔时间设定为30分钟，启动"自动取样"，灌装操作中要随时观察装量变化，可及时调整。

5.6.3.3 根据装量测量情况，需要调整时，可通过统调进行流量调节，也可通过调节泵体的单独微调调整。

5.6.3.4 灌封过程观察如有倒瓶、破瓶，及时戴上操作手套用镊子将倒瓶扶正及剔除破瓶。

5.6.3.5 灌封过程中应用无菌操作手套进行操作，避免打开玻璃门。

5.6.3.6 灌封过程中人员应每30分钟用75%乙醇消毒手一次。

5.6.3.7 生产过程中及时填写灌封记录。

5.6.4 结束操作

5.6.4.1 通知上下工序及配药送气操作人员，准备停机。

5.6.4.2 关闭灌封机。

5.6.4.3 在30分钟内按清场清洁要求进行清场清洁操作。

5.6.5 装车

5.6.5.1 灌封岗人员将灌封好的产品装载到灭菌车架上，在灭菌车对应灭菌柜最冷点贴上

"灭菌指示条"，在灭菌前室打开密封门，将装载待灭菌品的车架推入灭菌柜内，然后关紧密封门。

5.6.5.2　如待灭菌产品未能达到满载状态，灌装岗人员加色水瓶补充至满载，关紧密封门，并通知灭菌人员准备灭菌。

5.6.5.3　按清场清洁要求进行清场清洁操作。

5.7　灭菌

5.7.1　工艺条件

5.7.1.1　灭菌操作在一般生产区内进行。

5.7.1.2　灭菌用冷却水为软化水。

5.7.1.3　灭菌温度为118℃，时间为25分钟，灭菌Fo值应大于12。

5.7.1.4　压缩空气压力应保持在0.4～0.6MPa。

5.7.1.5　灭菌设备：XG1OSB-1.2B手动门安瓿灭菌柜。

5.7.2　生产前准备

5.7.2.1　操作人员按人员净化操作规程进入灭菌后室。

5.7.2.2　核对当班生产药品品名、规格、批号、数量。

5.7.2.3　检查并确认岗位卫生状态符合要求，并有清场合格证。

5.7.2.4　按设备操作规程检查并调试设备至符合运行要求。

5.7.2.5　打开与灭菌器连接的蒸汽源开关，待蒸汽管道内的冷凝水排放干净后关闭排污阀，并检查其压力是否大于0.3Mpa。

5.7.2.6　打开压缩空气阀并检查压缩空气供应为0.4Mpa～0.6Mpa。

5.7.2.7　检查工艺用水应符合要求，并往清水罐中注满纯化水。

5.7.2.8　准备检漏色水，用食用色素配制，有效期7天。

5.7.3　操作过程

5.7.3.1　在灭菌后室开启灭菌柜电源，在操作画面上设置灭菌、捡漏、清洗及干燥等参数。确认所有参数无须修改后，按指令输入产品批号，启动灭菌程序。

5.7.3.2　灭菌装载满载方式：每盘装1660支/盘×4盘/层×13层，共86320支。

5.7.3.2　灭菌过程中，操作人员应密切观察设备的运行状况，如有异常，及时处理。

5.7.4　结束操作

5.7.4.1　灭菌结束后，待室内压力回零后，方可打开后门取出灭菌品。

5.7.4.2　将灭菌小车从灭菌柜内推出，取下小车上的"灭菌指示条"，贴于灭菌岗位批生产记录上。

5.7.4.3　从车内取出灭菌品，剔除破损品后，送至灯检间并挂上中间产品状态卡。

5.7.4.4　灭菌品从车内取出后，应仔细检点放置，并做好记录。

5.7.4.5　关闭蒸汽源、供水阀门及压缩空气阀门，关闭设备控制电源和动力电源。

5.7.4.6　擦洗灭菌内室、密封门板及消毒内车、托盘。

5.7.4.7　定期拆装清洗内室喷淋盘、过滤网，蒸汽过滤器，每月清理保养一次疏水阀。

5.8　灯检

5.8.1　工艺条件

5.8.1.1　检查员裸视力应在4.9以上（矫正后5.0以上），应无色盲。

5.8.1.2 检查方法按照标准规定的标准逐瓶目检，QA人员逐批抽查。

光源：照度1000～1500Lx的日光灯管。

背景：为不反光黑色。在背部右侧和底部为不反光白色。

检查距离：供试品距光源20cm，距人眼20～25cm。

每瓶检查按正立、平视、倒立三步进行。

5.8.2 操作过程

5.8.2.1 按人员净化操作规程进入灯检间。

5.8.2.2 核对当班生产药品品名、规格、批号、数量。

5.8.2.3 检查并确认岗位卫生状态符合要求，并有清场合格证。

5.8.2.4 按指令核对已灭菌中间产品。

5.8.2.5 人员进入各自操作位置，打开灯检仪电源，用数位式照度计测试灯检操作时灯检品摆放位置的照度应符合指令卡要求。

5.8.3 灯检操作

5.8.3.1 检查产品外观，如焦头、泡头、尖头或装量差异大等的检品挑出放入剔除品盘内。

5.8.3.2 用固定夹夹住安瓿颈部，置于遮光板边缘处，调整眼睛距药品25cm左右，轻轻旋转和翻转待检品使药液中存在的可见异物悬浮（注意不使药液产生气泡），剔除带白点、白块、玻屑、色块、纤维等可见异物不合格品，分类放入剔除品框内，便于追溯前工序的质量控制情况，等收集好统一处理。

5.8.3.3 灯检标准：无检出任何可见异物的为合格品。

5.8.3.4 将合格品放入已灯检托盘内送中间产品暂存间暂存，通知包装岗人员送往包装间。

5.8.3.5 灯检过程中发现某一方面的可见异物特别突出时，要及时报告班长，以便及时进行前工序的质量控制。

5.8.3.6 检完一批待检品后，清点、记录剔除品数量。

5.8.3.7 未灯检半成品必须存放于未灯检半成品存放区，已灯检合格品必须送中间产品暂存间存放于已灯检半成品存放区，不合格品必须收集好，存放至不合格品暂存间统一处理。

5.8.4 结束操作

5.8.4.1 关闭灯检仪电源，将不锈钢长托盘送回灭菌后室。

5.8.4.2 按清洁操作规程进行清场。

5.9 包装

5.9.1 工艺条件

5.9.1.1 包装过程在一般生产区进行。

5.9.1.2 包装间不得同时包装另一品种或另一批号产品。

5.9.1.3 操作间应有防虫防鼠进入措施。

5.9.1.4 本岗操作人员应按规定穿戴好工作衣、帽和劳保用品。

5.9.2 准备工作

5.9.2.1 按人员净化操作规程进入包装间。

5.9.2.2 核对当班生产药品品名、规格、批号、数量。

5.9.2.3　检查并确认岗位卫生状态符合要求，并有清场合格证。

5.9.2.4　按指令卡核对已灯检中间产品。

5.9.2.5　按指令领取标签、说明书、内托、小盒、纸箱等包装材料。

5.9.3　贴签操作

5.9.3.1　按生产指令卡安装印字头，注意核实品名、生产日期、批号、有效期等内容，规格是否相符。

5.9.3.2　启动电源，启动印字加热，设定温度为210～230℃，贴标越快，所需温度越高。

5.9.3.3　装置标签、色带，打开压缩空气。

5.9.3.4　触控式人机界面上点击"印字""贴标""启动"，放下辅轮开始贴标，贴标签应端正，无翘角。

5.9.4　包装操作

5.9.4.1　取出印章调整核对好生产日期、批号、有效期后，印在包装箱的批号处。将包装箱按压痕折叠，将下封口对齐靠紧，平整用不干胶封口，箱底平放一张垫板，整齐排放好，使用时要核对。

5.9.4.2　将所需小盒在打盒机处核对好生产日期、批号、有效期并打印。

5.9.4.3　装托：包装工及时将贴签合格的产品批号朝上放入塑料内托，装托时注意剔除标签歪斜、翘角及印字不合格的产品。

5.9.4.4　装盒：将装好的内托按标签面与纸盒正面一致装进纸盒中，每小盒内放入一张说明书，封盒。

5.9.4.5　装箱：将包装好的纸盒按正面同一个方向逐个装入纸箱，装满箱后放入一张合格证，合格证上应印上批号、装箱人、QA人员。

5.9.4.6　包装过程中，未打包之前，QA人员按批号随机检查，每批抽查一次，每次2～3箱。

5.9.4.7　检查内容为：外包质量、贴签质量、装箱单（合格证）、说明书放入是否正确，内容是否全面清晰，内外批号、规格、品名、日期是否一致。

5.9.5　包装完后收集统一入库，材料员办理成品的寄库手续。

5.9.6　当天生产结束后按清洁操作规程进行清场，填写生产、清场记录。

5.9.7　废标签、废说明书的处理

5.9.7.1　每批生产结束后，材料员及时清理废标签和废说明书，记录其品名、规格、批号、数量。

5.9.7.2　在QA人员的监督下进行销毁，填写标签销毁记录。

6　所有质量控制方法及合格标准

工序	监控点	监控项目	方法	标准	频次
洗瓶	精洗	洁净度	目检	无异物及水珠	1次/批
配制	稀配	性状、pH值、氨、氯化物、异氧化物、重金属	药典方法	符合中间产品质量标准	1次/批

工序	监控点	监控项目	方法	标准	频次
灌封	封口	封口情况	目检	符合要求	1次/0.5h
	装量	药液体积	用量筒检查	符合标准	1次/0.5h
灭菌	灭菌要求	Fo值	查记录	Fo＞12	1次/柜
灯检	灭菌后产品	可见异物	灯检	符合标准	1次/1h
	标签	贴签情况	目检	平整、牢固，批号清晰，标签歪斜＜2mm	1次/批
	装盒	装盒情况	目检	装盒情况正确	3盒/批
	装箱	装箱情况	目检	装箱数量准确，说明书合格证齐全	3箱/批
各岗	岗位记录	书写记录	目检	书写规范，填写真实无误	1次/批

6.1　中间产品检查方法与控制

药液各项目的检查方法和控制

在稀配间取配制好药液送化验室检测pH值、氯化物、氨、易氧化物、重金属等项目，取样时，装样的玻璃瓶必须清洁，装样前用药液冲洗3遍，pH值为5.5～6.5。

6.2　装量检查方法和控制

6.2.1　装量检查使用量筒。

6.2.2　测量前量筒必须清洁。

6.2.3　测量时，把量筒内残水或药液倒净，然后按灌装机下药管顺序各取1瓶排列好，左手握住量筒，右手按序号拿起药瓶一次性倒入量筒中，待瓶子内的药液滴净把量筒放在水平面上，平视，凹面所对刻度即为药液体积，记下数据，然后将药液倒入余药缸，要滴净后再测下一瓶，每一瓶的测量结果都必须在控制范围内，否则要进行调节，装量控制在规定范围。

6.3　中间产品可见异物的检查和控制

6.3.1　含量、pH值合格的药液，在生产前必须检查澄明度合格后方可灌装，方法是用100ml比色管反复用过滤后的药液冲洗3遍（包括玻璃塞），然后接100ml药液待无气泡后，在灯检架下按正、倒、平视检查观察，不得有任何异物。

6.3.2　抽取已封好口的药瓶200支，置灯检架下分正、倒、平视转动逐瓶检查可见异物，可见异物合格率应在90%以上。

7　技术经济指标的计算

$$总成品率 = \frac{月末入库总量}{理论产量} \times 100\%$$

$$理论产量 = \frac{投料量}{标准装量} \times 100\%$$

8　包装操作要求

8.1　产品的包装规格

包装规格：2ml安瓿瓶，2ml×10支/盒。

8.2 所用包装材料清单及消耗定额

物料名称	物料代码	物料用量	消耗定额
2ml低硼硅玻璃安瓿	BD004	94600	10.0%
灭菌注射用水标签（2ml）	BM38	89268	3.8%
灭菌注射用水说明书（2ml）	SM19	111	0.95%
灭菌注射用水纸箱（2ml）	ZM38	22	0.095%
灭菌注射用水合格证（2ml）	H022	22	0%

8.3 印刷包装材料的实样或复制品，以及标明产品批号、有效期打印位置的样张

见附件1～4。

附件1：标签样张。

附件2：说明书样张。

附件3：纸箱印刷样稿。

附件4：小盒印刷样稿。

8.4 包装材料的贮存规定

8.4.1 包装材料必须按定置管理要求分类存放，设立库存货位卡，不得露天存放。

8.4.2 对直接接触药品的包装材料，必须堆放在清洁的仓库，封闭的外包装必须严密，不得破损、污染。

8.4.3 印有品名、商标等标记的包装材料，因故不予使用或检验不合格时，应隔离存放并及时处理，必要时应销毁或除去标记。

8.4.4 标签、说明书必须专库存放，上锁保管，并设立领取、销毁记录。

9 技术安全

9.1 设备安全要求

9.1.1 传动设备安全要求

9.1.1.1 传动设备启动前，应先用手点动或盘动皮带（或用盘车手轮）运转两周，看是否灵活，皮带松紧是否适宜，一切正常再按启动开关。

9.1.1.2 设备运转过程中不得用手接触传动部位，清理机器、排除故障或注油等操作必须停机进行。

9.1.1.3 清洗设备必须用毛刷或其他工具，以防碎玻璃划破手指，传动部分必须要有防护罩，维修后必须立即将防护罩复原，操作者戴好工作帽，有长发者不得外露，以防卷入传动部分。

9.1.2 受压设备安全要求

9.1.2.1 受压设备严禁撞击、敲打，要定期试压，不得超温、超压。

9.1.2.2 要装有压力表、安全阀、温度表，并应对以上设施进行定期检查、校正、以防失灵。

9.1.2.3 设备维修时，必须将罐内压力降至零，才能进行拆卸。

9.1.2.4 设备的日常使用与维护应由专人负责，未经允许不得擅自使用设备。

9.1.3 电器设备安全要求

9.1.3.1 电器设备应注意防潮，严禁用湿手接触或用水冲洗电器设备，并应安装接地装置。

9.1.3.2 一切电器设备发生故障时，必须通知电器维修工进行修理，并在现场设置明显标志。

9.1.3.3 发现电器设备发出焦煳气味或冒火花时，应立即拉下电闸，通知电工。

9.1.3.4 严格遵守电焊机的使用规则，防止紫外线直射眼睛、皮肤。

9.1.3.5 修理电器设备时，应首先关闭电源，以防发生事故，并应挂有检修标志牌。

9.2 化学物品的安全要求及劳动保护

9.2.1 乙醇：有毒，空气中最高允许浓度为1000PPM（190mg/m³），不能饮用，若大量饮用乙醇，麻醉中枢神经，陷于致死性虚脱，可造成突然死亡，乙醇易燃，必须设专人管理，限量定置，密闭存放。

9.2.2 甲醛：有毒，吸入甲醛蒸气会引起恶习、鼻炎、支气管炎和结膜炎等，甲醛直接与皮肤接触会引起灼伤，应用大量水冲洗再用肥皂水或2%碳酸钠溶液洗涤，现场操作要求穿戴规定的防毒面具，自然通风良好，空气中最大允许浓度为10ppm。

9.3 生产区环境安全要求

9.3.1 工作岗位及通道应有足够的照明设施。

9.3.2 车间走廊通道，严禁堆放物品。

9.3.3 更换产品时，生产现场所有设备、工器具必须彻底清洁，成品、中间产品、剩余原料必须贴有明显标记，定点存放，必须严格执行清场管理制度，防止发生混药或交叉污染。

9.3.4 应严格执行废液、废品、不合格品的管理制度，不得随意倾倒，以防造成环境污染，损害他人身体健康。

9.3.5 生产区工艺流程布置应合理、紧凑，避免人流物流混杂。

9.3.6 空调送风口应配备过滤装置，并定期进行监测。

9.4 安全防火

9.4.1 车间内严禁吸烟和携带火种。

9.4.2 车间内应有完备的消防设施和消防器材，消防器材应定点存放、定期检查，及时更换。

9.4.3 在电灯和电器设备附近，不得堆放易燃易爆品。

9.4.4 易燃易爆品应由专人管理、专库存放，领用手续应完备，使用时应两人以上操作。

9.4.5 正常生产过程中车间内严禁动火，检修确需动火时，要严格执行动火管理制度。

9.5 工艺卫生

9.5.1 一般生产区。

9.5.2 进入生产区应按规定穿戴工作衣、帽，头发应无外露。

9.5.3 操作人员应勤洗澡、理发，保持个人卫生，工作衣、帽应整洁，工作服每周至少清洗二次。

9.5.4 操作过程中应保持操作现场有序，物品摆放应整齐，操作人员不得乱窜、大声喧哗、做与工作无关的事情。

9.5.5 操作间应保持室内整洁，不得有积灰、积水、垃圾、痰迹。操作过程中产生的杂物应及时清理。

9.5.6 所有生产人员每年体检一次，患传染病、精神病者不得从事药品生产。

9.5.7 操作人员应严格按照标准操作程序进行操作。

9.6 C级洁净区

9.6.1 操作人员应勤洗澡、理发、保持个人卫生，工作衣、帽应整洁，工作服每天清洗。

9.6.2 进入C级洁净区管理制度

9.6.2.1 按一般生产区人员净化操作规程进入一般生产区。

9.6.2.2 进入C级区更鞋间，随手关门，走到鞋柜前，面对换鞋凳转身180度，坐在更鞋柜上，脱下一般生产区工作鞋放入鞋柜内，鞋跟朝内摆齐。

9.6.2.3 抬脚转身180度，弯腰，于鞋柜内按编号取出自己的过渡鞋放到地上，穿好。

9.6.2.4 进入男（女）一更，随手关门，脱下一般生产区工作服及所有外衣放于自己的衣柜内，锁好柜门。

9.6.2.5 进入男（女）手清洗间，随手关门，按洗手烘干消毒示意图用洗手液清洗手，用纯化水冲洗干净，烘干，再用75%乙醇溶液消毒手。

9.6.2.6 进入男（女）二更，随手关门，走到鞋柜前，一边脚脱鞋直接踏上鞋柜，接着再脱另一边鞋抬脚站上鞋柜，注意避免脱鞋时脚着地，站在鞋柜上先弯腰将过渡鞋鞋跟朝里摆放于鞋柜内，站直转身从衣架上取下自己的洁净服按图示更衣。

9.6.3 区域环境卫生要求

9.6.3.1 C级洁净区地面应整洁、门窗玻璃、墙面、顶棚洁净完好，装修材料，应不起尘、不落屑、设备管道、管线排列整齐、清洁、无跑、冒、滴、漏现象。

9.6.3.2 C级洁净区内物品，工器具应定置存放，不得随意搬动，随意增减，人员定额不能超过平均每四平方米一人。

9.6.3.3 洁净室外，传递柜的两侧门不得同时打开，以保持C级的洁净度。

9.6.3.4 每班工作结束，应将门窗、玻璃、地面、顶棚、桌椅、更衣室等用注射用水彻底擦洗干净，用75%的乙醇或0.2%新洁尔灭擦拭消毒。

9.6.3.5 按文件规定对功能间的尘埃粒子数进行测定并记录，每半年对高效过滤器及层流罩进行风量检查。

9.6.3.6 生产过程中按文件规定对功能间各部位的沉降菌进行测定，并记录。

9.6.3.7 生产过程中应轻走、轻动，不得大声喧哗、打闹。

9.6.3.8 洁净室不得安排三班生产，每天必须有足够的时间用于消毒，更换品种时必须有至少6小时的间歇。

9.6.4 个人卫生要求

9.6.4.1 进入洁净室的操作人员必须经过健康检查，确定无传染病（如感冒、结核、肺炎、皮肤病等）、精神病方准进入，每年应进行一次复查。

9.6.4.2 操作者双手有外伤，应及时报告车间主任，由车间主任根据实际情况安排工作。

9.6.4.3 进入洁净区的人员，应经常洗澡、理发、刮胡须，更换内衣内裤，保持个人清洁，并不得留长指甲、化妆，不得佩戴任何饰物，包括手表。

9.6.5 C级洁净区消毒制度

9.6.5.1 每日工作开始前，应用75%的乙醇溶液将机台表面擦洗一遍。

9.6.5.2 操作过程中，关键岗位操作者应戴一次性无菌手套。

9.6.5.3 每日工作结束，进行一次消毒，将地面、墙面、顶棚、所有工器具、机台等传送带包括更衣室、缓冲室等用注射用水清洗干净后，用75%的乙醇或0.2%新洁尔灭擦拭消毒，工器具蒸汽灭菌。

9.6.5.4 C级区每年用甲醛消毒两次；每周用臭氧消毒一次，如停产三天以上必须用臭氧重新消毒。

9.6.6 物品进入C级洁净区消毒制度

9.6.6.1 生产所需原材料、工器具和其他物品，首先经过物净间去外包、内包除尘，经传递窗用紫外线杀菌30分钟进入C级区。

9.6.6.2 在物净间用75%乙醇消毒表面，经传递窗紫外线杀菌30分钟后传入C级洁净区备用。

9.6.6.3 C级洁净区内所用记录，应在清场合格后按物净程序传入C级洁净区。

9.6.6.4 凡进入C级洁净区的工器具，都必须按9.6.6.2的方法进行消毒。

9.6.7 洁净服管理制度

9.6.7.1 洁净服必须每班更换、洗涤、灭菌一次。

9.6.7.2 洗涤前的洁净服仔细检查，破损的挑出，进行缝补，未洗净的重新洗涤。

9.6.7.3 将洁净服叠整齐，按编号逐件配套，放入洁净衣袋中，放入灭菌柜内灭菌。

9.6.7.4 洁净服的灭菌，应在0.1MPa蒸汽压力下，121℃，灭菌30分钟，在生产前送入更衣室。

9.6.7.5 灭菌后的洁净服，应在48小时内使用，超过48小时应重新灭菌。

10 工艺规程的变更

10.1 工艺规程变更的频次：3年修订变更一次，如遇有工艺的改变、设备的变更等情况时可随时修订。

10.2 需要变更时，一般工艺条件的改进，修订工艺规程时由车间提出书面报告，经生产物料部讨论批准，质量部备案后，并经验证后证明对产品质量没有影响，方可执行。

10.3 变更时要出具变更通知书。注明改进日期、实施日期，审批者及实施者均应签名，并在工艺规程变更表上注明，重大工艺改革项目需经风险评估后再修订执行。

10.4 变更时，按制定的程序进行的修订、审核、批准。

10.5 当新的工艺规程和岗位标准操作规程批准执行时，收回旧的工艺规程和岗位标准操作规程。

10.6 当工艺规程发生变更时，相应岗位的标准操作规程也应同时修订。

11 劳动组织与岗位定员

11.1 组织一览表

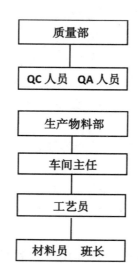

11.2　岗位定员

岗位	定员	岗位	定员
理瓶	1	灯检	8
洗瓶	1	包装	12
配制	2	辅助	2
灌封	2		
灭菌	2		

12　主要相关文件

文件名称	文件编号
生产记录管理制度	SMP·SC·00·001
生产指令管理制度	SMP·SC·00·002
清场管理制度	SMP·SC·00·004
产品批号、生产日期、有效期管理制度	SMP·SC·00·005
工艺卫生管理制度	SMP·WS·00·002
输料系统清洁、消毒管理制度	SMP·WS·00·012
清洁剂、消毒液的配制使用管理制度	SMP·WS·00·014
人员净化过程管理制度	SMP·WS·00·016

三、盐酸左氧氟沙星氯化钠注射液（250ml：0.5g）工艺规程

1.生产工艺流程图。

2.生产处方。

3.生产操作要求。

4.设备一览表及主要设备生产能力。

5.生产步骤说明。

6.所有质量控制方法及合格标准。

7.预期的最终产量收率限度、技术经济指标的计算以及有关计算公式。

8.待包装产品的的储存要求，包括容器、标签及特殊储存条件。

9.需要说明的特别注意事项。

10.包装操作要求。

11.技术安全、工艺卫生及劳动保护。

12.工艺规程的变更。

13.动组织与岗位定员。

1 生产工艺流程图

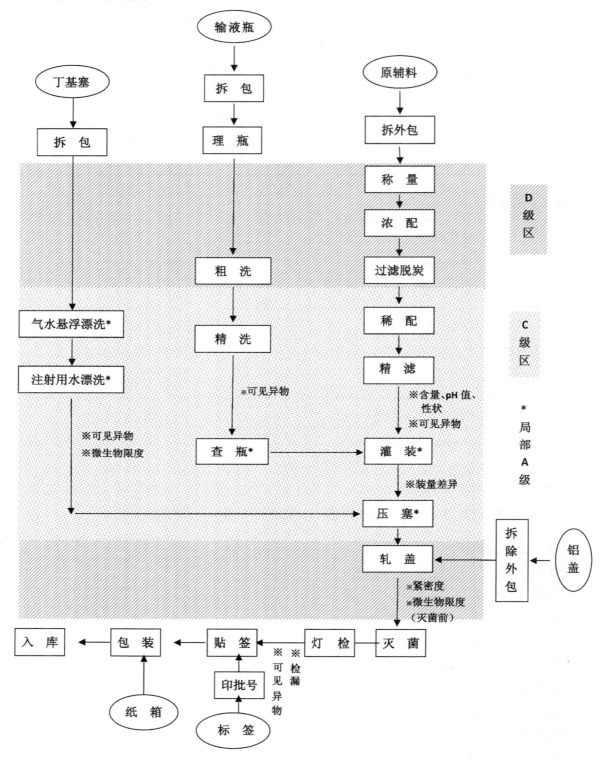

2 生产处方

2.1 产品名称

通用名：盐酸左氧氟沙星氯化钠注射液

英文名：Levofloxacin Hydrochloride and Sodium Chloride Injection

汉语拼音：Yansuan Zuoyangfushaxing Luhuana Zhusheye

主要成分：盐酸左氧氟沙星

化学名称：（—）–（S）–3–甲基–9–氟–2，3–二氢–10–（4–甲基–1–哌嗪基）–7–氧代–7H–吡啶并〔1，2，3–de〕–〔1，4〕苯并噁嗪–6–羧酸盐酸盐一水合物。

性状：本品为淡黄绿色或黄绿色澄明液体。

药品批准文号：国药准字H20051084。

贮藏：遮光，阴凉干燥密闭保存。

有效期：24个月。

2.2　产品规格、剂型、产品代码、批量

[规格]：250ml：左氧氟沙星0.5g与氯化钠2.25g

[剂型]：大容量注射剂

[产品代码]：C019

生产批量：10400瓶/批

2.3　所用原辅料清单

物料名称	物料代码	物料用量
		10400瓶
盐酸左氧氟沙星	YY04	6.35kg
氯化钠	YL02	23.4kg
药用炭	FY03	0.78kg
氢氧化钠液（1mol/L）	FJ07	适量
注射用水加至	——	2600000ml

2.4　工艺处方和依据

品名：盐酸左氧氟沙星氯化钠注射液

规格：250ml：左氧氟沙星0.5g与氯化钠2.25g

盐酸左氧氟沙星　　　　　550g

氯化钠　　　　　　　　　2250g

氢氧化钠液（1mol/L）　　适量

注射用水加至　　　　　　250000ml

————————————————————

全量　　　　　　　　　　1000瓶

处方依据：WS1–（X–121）–2004Z

3 生产操作要求

生产场所说明（操作间的位置、洁净度洁别、温湿度要求）

操作间	操作间洁净度级别	位置编号	操作间温湿度要求	
			温度	湿度
粗洗间	D区		18-26℃	45%～75%
精洗间	C级区（A级区）		18-26℃	45%～75%
称量间	D级区		18-26℃	45%～75%
浓配间	D级区		18-26℃	45%～75%
稀配间	C级区		18-26℃	45%～75%
灌装间	C级区（A级区）		18-26℃	45%～75%
胶塞清洗间	C级区（A级区）		18-26℃	45%～75%
轧盖间	D级区		18-26℃	45%～75%
灭菌间	一般生产区	一般生产区	/	/
灯检间	一般生产区	一般生产区	/	/
外包间	一般生产区	一般生产区	/	/

4 设备一览表及主要设备生产能力

设备编号	设备名称	型号/规格	生产厂家	生产能力	设备SOP
SY/F001	理瓶台	FP-00	湖南汇一制药机械有限公司	——	——
SY/F002	超声波洗瓶机	QCX15	湖南汇一制药机械有限公司	120～220瓶/分	一车间QCX15超声波粗洗机操作规程
SY/F003	精洗机	JXA15	湖南汇一制药机械有限公司	30000只/小时	一车间JXA型精洗机操作规
SY/F004	灌装充氮压塞机	CNGFS24/10	湖南汇一制药机械有限公司	120～250瓶/分	一车间CNGFS24/10型旋转式灌装充氮压塞机操作规程
SY/F005	轧盖机	FG10	湖南汇一制药机械有限公司	60～250瓶/分	一车间FG10型轧盖机操作规程
SY/F006	灯检机	SDJ	湖南汇一制药机械有限公司	1.62m²	一车间SDJ100/500型灯检机操作规程
SY/F007	直线式贴签机	TZ300	湖南汇一制药机械有限公司	150～300瓶/分	一车间FTZ300型直线式贴签机操作规程
SY/F008	高速上瓶机	DSP100/500	湖南汇一制药机械有限公司	60～500瓶/分	一车间DSP100/500型上瓶机操作规程

设备编号	设备名称	型号/规格	生产厂家	生产能力	设备SOP
SY/F009	高速卸瓶机	XP100/500	湖南汇一制药机械有限公司	60～500瓶/分	一车间XP200型卸瓶机操作规程
SY/F010	电动液压升降平台	SJC	湖南汇一制药机械有限公司	3T	——
SY/F011	电动液压升降平台	SJC	湖南汇一制药机械有限公司	3T	——
SY/F012	胶塞清洗机	TXⅢ-3	无锡市求新药化设备厂	30000只/小时	一车间TXⅢ-3型胶塞清洗机操作规程
SY/F013	稀配罐	XP3000	浙江象山医疗精密仪器厂	3m³	一车间XP3000型稀配罐操作规程
SY/F014	稀配罐	XP3000	浙江象山医疗精密仪器厂	3m³	一车间XP3000型稀配罐操作规程
SY/F015	浓配罐	JJG-1.0	海南董洁贸易有限公司	1000L	一车间JJG-1.0型浓配罐操作规程
SY/Y016	工衣灭菌柜	YQX·MG-203	张家港华菱医疗设备制造有限公司	0.36m³	一车间YXQ·MG-203型工衣灭菌柜操作规程
SY/Y017	脉动真空灭菌柜	XG1.D	山东新华医疗器械股份有限公司	0.48m³	一车间XG1·D型脉动真空工器具灭菌器操作规程
SY/Y018	水浴式灭菌柜	PSMDB-DC-5	山东新华医疗器械股份有限公司	250ml：10400瓶/柜	一车间PSMDB-DC-5玻璃大输液水浴灭菌柜操作规程
SY/F019	立式圆瓶贴标机	SCM-L400	上海超玛机电科技有限公司	400瓶/分	一车间SCM-L400型卧式贴签机操作规程
SY/F029	蠕动泵	BT100M	保定申辰泵业有限公司	——	一车间BT-M型蠕动泵操作规程
SY/F030	气泡点测试仪	QP-Ⅳ	无锡求新药化设备厂	——	一车间过滤器完整性在线检测仪QP-IT操作规程
GC/F003-7	纯化水储罐	WCG10000	宁波振国制药设备制造有限公司	10t	纯化水系统使用及维护保养操作规程
GC/Y005-3	注射用水储罐	WZH4000	宁波振国制药设备制造有限公司	4t	注射用水系统使用及维护保养操作规程
GC/Y005-1	汽水分离多效蒸馏水机	LD2000-6	宁波振国制药设备制造有限公司	2t	注射用水系统使用及维护保养操作规程
GC/F003-5	二级反渗透装置	SDX10T/T	宁波振国制药设备制造有限公司	10t	纯化水系统使用及维护保养操作规程
GC/Y005-4	自动恒温夹层蒸馏水罐	WZH4000	宁波振国制药设备制造有限公司	4t	注射用水系统使用及维护保养操作规程

5 生产步骤说明

生产操作过程包括：

（1）原辅料、包装材料的领用。

（2）生产准备。

（3）理瓶与洗瓶。

（4）称量与配液。

（5）灌装压塞。

（6）轧盖。

（7）灭菌。

（8）灯检。

（9）标签印批号。

（10）贴签。

（11）纸箱印批号。

（12）合格证印批号。

（13）包装。

5.1 原辅料、包装材料的领用

5.1.1 待领物料有：盐酸左氧氟沙星、氯化钠、输液瓶、丁基胶塞、铝塑盖、标签、说明书、泡沫、纸箱等。

5.1.2 根据生产批量开出原料、包装材料的领料单到仓库领取已检验合格的上述物料。

5.1.3 领料人员与仓库管理员领发料时应认真核对其品名、规格、批号、厂家、数量并查看原料、包装材料进厂检验合格报告单，领料员和仓库管理员签字后领取物料。

5.1.4 物料进入物净间后，拆除外包装，去除外包装的物料要注意重新标志，注明品名、规格、厂家、批号、数量等，用75%乙醇擦内包装外表，物料在拆包检查时应有合格证，如发现有霉变、变色、受潮、结块、内外包装破损等不得使用；经处理的物料传入各相应的操作间，挂上物料状态牌，待用。

5.2 生产准备

5.2.1 准备好生产用的消毒剂，各岗位做好清洁卫生，确认其清场合格，衣服、鞋等已准备好。

5.2.2 准备好干燥、洁净的接药及装药用具和生产用的包装材料。

5.2.3 直接接触药品的容器具提前做好准备进行灭菌处理。

5.2.4 车间根据该生产产量拟定各工序生产人员。

5.2.5 生产设备完好，调试正常。

5.2.6 注射用水、纯化水、冷却用水、蒸汽、纯蒸汽、压缩空气、真空等处于正常供应状态。

5.3 理瓶

5.3.1 理瓶工艺过程：

领瓶→脱外包→理瓶→传至粗洗间。

5.3.2　理瓶操作过程

5.3.2.1　按生产指令领取输液瓶，检查外包装，应无破损，规格与生产所需相符。

5.3.2.2　打开外包装，检查输液瓶应无水渍、无杂物，认真剔除破口、炸丝、麻点、结石、异形等缺陷瓶，然后经传送带将输液瓶送入粗洗间。

5.3.2.3　对生产操作现场进行清场和清洁，将不合格的输液瓶及包装袋清出操作间。

5.4　输液瓶清洗工序：粗洗、精洗

5.4.1　洗瓶工艺过程：

粗洗间→饮用水冲洗→超声波振荡洗涤→传至精洗间→纯化水冲洗→注射用水冲洗→传至灌装。

5.4.2　工艺条件

5.4.2.1　QCX15型超声波粗洗机装机总功率为12.0kW，采用电源电压为380V，50Hz。

5.4.2.2　JXA15型精洗机装机总功率为6.0kW，采用电源电压为380V，50Hz。

5.4.2.3　纯化水过滤器滤芯为0.45μm，注射用水过滤器滤芯为0.22μm。

5.4.2.4　洗瓶设备：QCX15型超声波粗洗机、JXA15型精洗机。

5.4.2.5　洗瓶速度：粗洗120～220瓶/分钟，精洗100～220瓶/分钟。

5.4.2.6　输液瓶精洗后的存放时间不得超过4小时。

5.4.3　生产前准备

5.4.3.1　生产前进行检查，确保设备和工作场所没有上批遗留的产品、文件或与本批产品生产无关的物品，设备处于已清洁及待用状态，检查饮用水、蒸汽是否在可供状态。

5.4.3.2　粗洗操作在D级洁净区内进行。

5.4.3.3　生产前应记录压差。

5.4.3.4　根据每分钟产量调输送带速度，控制好超声波水槽温度（40～50℃）。

5.4.3.5　检查喷射管路压力，表压为0.1～0.2MPa，饮用水压力：0.1～0.2Mpa。

5.4.4　粗洗工序

5.4.4.1　进瓶输送带将瓶输进贮瓶台→贮瓶台上有分瓶机构将瓶分成一道道进入进瓶装置→进瓶装置将瓶带成瓶栏内（每次15只）→再由瓶栏将瓶子进入超声波清洗机箱体内（进行超声波清洗）→超声波清洗完后再进行循环水外冲洗（外冲2次）→外冲洗后再进行内冲洗（内冲3次）→内冲洗完后再进行倒水工位进行倒水→倒完水后再到出瓶工位出瓶（将瓶输出）→然后由输送带将瓶输到下一工位。

5.4.4.2　每30分钟，抽查粗洗后输液瓶清洁度。

5.4.4.3　操作结束后放出清洗槽内的清洗水，进行清洁，必要时清洗过滤器内的滤芯。

5.4.4.4　按规定给各注油点注油，对机器外部进行清洁，对操作现场进行清场和清洁。

5.4.5　生产前准备

5.4.5.1　生产开始前进行检查，确保设备和工作场所没有上批遗留的产品、文件或与本批产品生产无关的物料，设备处于已清洁及调试完毕待用状态。

5.4.5.2　精洗操作在C级洁净区内进行。

5.4.5.3　生产前应记录压差。

5.4.5.4　生产开始前进行检查，检查喷射头应对准瓶口，喷射管压力应0.1～0.2MPa，注射用水温度70℃以上。

5.4.5.5　纯化水压力：0.1～0.2Mpa，注射用水：0.1～0.2Mpa。

5.4.6　精洗工序

5.4.6.1　进瓶输送带将瓶输进贮瓶台→贮瓶台上有分瓶机构将瓶分成一道道进入进瓶装置→进瓶装置将瓶带成瓶栏内（每次15只）→再由瓶栏将瓶子带入冲纯化水工位（内冲3次、外冲1次）→冲完纯化水后再进入冲注射用水工位（内冲3次、外冲1次）→然后再进入倒水工位进行倒水→倒完水后再到出瓶工位出瓶（将瓶输出）→然后由输送带将瓶输到下一工位。

5.4.6.2　精洗后的输液瓶经翻转进入轨道后，由查瓶操作人员进行目检查瓶操作，将不合格输液瓶捡出，合格的输液瓶由输送带送入分装间，待分装。

5.4.6.3　操作结束后，对传送带和操作台面进行清洁和清场。

5.5　丁基胶塞清洗

5.5.1　工艺过程

丁基胶塞 ——注射用水、压缩空气 / 气水悬浮漂洗——→ 放掉洗涤水

——注射用水——→ 漂洗水可见异物 ——————→ 待用，进入灌装

5.5.2　工艺条件

5.5.2.1　丁基胶塞清洗设备：TXIII-3型胶塞清洗机。

5.5.2.2　设备容量：30000只。

5.5.2.3　工艺用水：注射用水质量符合规定。

5.5.2.4　生产环境：C级洁净区的A级层流罩下。

5.5.2.5　注射用水：经0.45μm、0.22μm筒式折叠过滤器过滤。

5.5.2.6　丁基胶塞清洗后的存放时间超过12小时须重新清洗方可使用，存放时间超过72小时做报废处理。

5.5.3　生产前准备

5.5.3.1　操作人员按规定穿戴好工作服，按人员净化程序经净化进入操作间。

5.5.3.2　检查本岗的设备状态和卫生状态，应符合要求。

5.5.3.3　按生产指令领取生产所需的丁基胶塞，并对丁基胶塞的质量进行检查，应符合规定。

5.5.3.4　丁基胶塞进入车间在物净间去除外包装，经传递窗进入D级区，用75%乙醇消毒外表后经传递窗传入操作间。

5.5.3.5　检查水、电、汽、设备等，应正常。

5.5.4　胶塞清洗工序

5.5.4.1　往胶塞机清洗筒内加入待清洗丁基胶塞（每次胶塞加入量不多于3万只，胶塞量占

容积率不多于50%），加入注射用水（水温为50~70℃）与压缩空气进行气水悬浮漂洗10分钟、溢流3分钟。

5.5.4.2　取最后一次漂洗的注射用水进行可见异物检查合格后使用。

5.5.4.3　将丁基胶塞捞出装入不锈钢桶中加盖，送到胶塞暂存处备用。

5.5.4.4　结束操作，按清洁操作规程清洁消毒设备及工序清场。

5.6　称量与配液

5.6.1　工艺过程

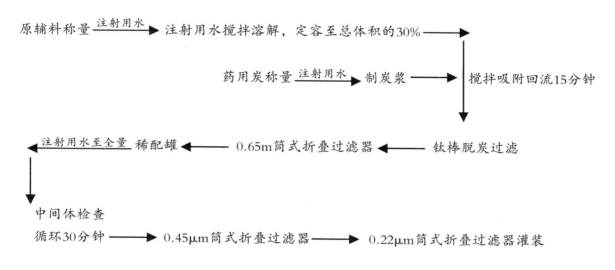

5.6.2　工艺条件

5.6.2.1　配制设备：JJG-1.0型浓配罐一台、XP3000型稀配罐两台。

5.6.2.2　配药用水为注射用水，水质应符合注射用水质量要求。

5.6.2.3　备炭间安装局部排风装置。

5.6.2.4　调节pH值用1mol/L氢氧化钠溶液（称取氢氧化钠40g加注射用水至1000ml溶解），pH值控制在4.5~5.5。

5.6.2.5　左氧氟沙星含量控制在标示量的95.0%~105.0%；氯化钠含量控制在标示量的98.0%~105.0%。

5.6.2.6　药液从稀配完到灭菌时间不得超出8小时。

5.6.2.7　工器具使用后按规定及时清洗、灭菌，于48小时内备用，清洁、灭菌后放置时间超过48小时则需要重新灭菌方可使用。

5.6.3　原辅料的领用和称量

5.6.3.1　按生产指令和检验报告由车间材料员填写领料单。

5.6.3.2　领料员凭领料单到仓库领取物料，核对物料的名称、数量、批量、批号均正确后将物料运入车间。

5.6.3.3　原辅料进入车间在物净间去除外包装，用毛巾将内包装表面积灰擦去，经传递窗传入D级洁净区暂存间。

5.6.3.4　配药人员将原辅料搬进称量间，称取所需原辅料置于不锈钢桶中，加盖。

5.6.3.5 结束操作后，关闭电子秤，将称取的原辅料送浓配间，30分钟内对操作现场进行清场。

5.6.4 备炭

5.6.4.1 按生产指令和检验报告由车间材料员填写领料单。

5.6.4.2 领料员凭领料单到仓库领取所需药用炭，核对名称、数量、批量、批号均正确后将药用炭运入车间。

5.6.4.3 药用炭进入车间在物净间去除外包装，用毛巾将内包装表面积灰擦去，经传递窗传入D级洁净区暂存间。

5.6.4.4 配药人员将药用炭搬进备炭间。

5.6.5 制炭浆

5.6.5.1 在称量台上将药用炭称取到盛有注射用水的不锈钢桶中，药用炭用量按稀配溶液体积的0.03%计，搅拌制成炭浆。加盖，送浓配间备用。

5.6.5.2 结束操作后，关闭电子秤，将称取的炭浆送浓配间，30分钟内对操作现场进行清场。

5.6.6 生产前准备

5.6.6.1 操作人员按人净程序经净化进入，本操作间在D级洁净区。

5.6.6.2 检查本岗位卫生状态及设备状态，应符合规定。

5.6.6.3 生产前应及时记录称量间、备炭间的温湿度与压差。

5.6.7 浓配工序

5.6.7.1 称取处方量的100%的氯化钠，往浓配罐内加入适量的注射用水搅拌溶解，称取处方量的111%的盐酸左氧氟沙星预溶解后加入氯化钠溶液中，加注射用水至配制体积的30%（55～75℃）搅拌均匀，加0.03%的药用炭浆搅拌吸附回流15分钟，过滤脱炭。

5.6.7.2 将浓配罐循环进料阀门打开，然后再打开放料口阀门，经钛棒及0.65μm筒式折叠过滤器除炭。经稀配岗操作人员确认稀配操作准备完毕后，将药液用泵输送到稀配罐中。

5.6.7.3 结束操作后，在30分钟内按清洁操作规程清洁消毒设备及工序清场。

5.6.7.4 浓配操作过程不得超过2小时。

5.6.8 稀配

5.6.8.1 生产前准备

5.6.8.2 操作人员按人员净化程序进入操作间，本操作间在C级洁净区。

5.6.8.3 检查本岗位卫生状态及设备状态，应合格。

5.6.9 稀配工序

5.6.9.1 往各稀配罐内加注射用水冲洗管道及回流管道10分钟，然后在灌装机头处将注射用水排放。

5.6.9.2 通知浓配岗位送料，将浓配药液过滤至稀配罐内，送料结束后，根据少量多次的原则，用注射用水冲洗浓配罐内壁3次，随药液一起输送至稀配罐中，打开注射用水阀门，加注射用水至全量，开启自身循环，循环30分钟。

5.6.9.3 循环30分钟后，通知QA人员取样进行含量测定pH值和可见异物检查，各项检验结果均合格后，经QA人员确认方可供灌装。

　　5.6.9.4　结束操作后，在30分钟内按清洁操作规程清洁消毒设备及工序清场。

　　5.6.9.5　稀配操作过程不得超过4小时。

　　5.7　灌装、压塞

　　5.7.1　工艺过程

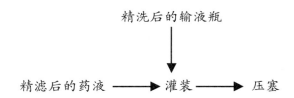

精洗后的输液瓶

精滤后的药液 ——→ 灌装 ——→ 压塞

　　5.7.2　工艺条件

　　5.7.2.1　灌装设备：CNGFS24/10型灌装充氮压塞机；生产能力：120～250瓶/分。

　　5.7.2.2　CNGFS24/10型灌装充氮压塞机总功率为4.0kW，采用电源电压为380V，50Hz。

　　5.7.2.3　灌装、压塞操作属C级洁净区，操作台面在A级层流罩下进行。

　　5.7.2.4　灌装间与相邻房间静压差≥5Pa。

　　5.7.3　生产前准备

　　5.7.3.1　操作人员按人员净化程序经净化后进入操作间。

　　5.7.3.2　检查本岗位卫生状态和设备状态，应符合规定。

　　5.7.3.3　生产前应记录压差。

　　5.7.3.4　操作人员准备好洁净丁基胶塞，放置在灌装充氮压塞机的振荡器盆里。

　　5.7.3.5　调节灌装头，启动输送带，启动灌装充氮压塞机，开机调节装量至合格。

　　5.7.4　灌装、压塞工序

　　5.7.4.1　输液瓶经输送轨道输送至进瓶绞龙处，再通过进瓶绞龙给定距离分瓶，经过进瓶拨轮带到灌装拨轮处灌装，灌装完后，经过过渡拨轮运行至压塞拨轮进行压塞，压好塞后由出瓶拨轮输出，再由输送轨道输送至轧盖工位进行轧盖。

　　5.7.4.2　灌装开始后，每隔30分钟取样检查一次灌装量，每次取24瓶按容量法检查装量。

　　5.7.4.3　压塞开始后，每隔30分钟检查一次压塞质量，压塞应平整严密。

　　5.7.4.4　结束操作后，关闭灌装充氮压塞机，关闭输送带。

　　5.7.4.5　在30分钟内按清洁操作规程清洁消毒设备及工序清场。

　　5.8　轧盖

　　5.8.1　工艺条件

　　5.8.1.1　轧盖设备：FG10型轧盖机；生产能力：60～250瓶/分。

　　5.8.1.2　轧盖操作在D级洁净区内进行。

　　5.8.1.3　本操作间与非洁净区压力差应大于10Pa。

　　5.8.2　生产前准备

　　5.8.2.1　操作人员按人员净化程序经净化进入操作间。

5.8.2.2 检查本岗位卫生状态及设备状态，应符合规定。

5.8.2.3 生产前应记录压差。

5.8.2.4 铝盖进入车间在物净间去除外包装，用毛巾将内包装表面积灰擦去，经传递窗传入D级洁净区，本岗人员接收，送盖暂存间，打开内包装袋，将铝盖倒入不锈钢桶中，送入轧盖间。

5.8.2.5 将铝盖加入振荡器中。

5.8.2.6 启动振荡器电源开关，让铝盖排满轨道。

5.8.3 轧盖工序

5.8.3.1 接灌装人员电话通知轧盖，启动压盖机电源。

5.8.3.2 调节变频调速器，使轧盖速度与灌装速度同步。

5.8.3.3 输液瓶通过输瓶带的传送首先进入进瓶绞龙，即以给定的距离分瓶，再通过进瓶拨轮套上铝盖后进入左中心拨轮，将铝盖压实后，再传入右中心拨轮，这时旋转着的轧头同输液瓶在同一中心线上，在主传动的带动及凸轮的作用下，首先轧头上的顶盖头压住铝盖，随即三把旋转着的轧刀进入工作状态将铝盖同胶塞、输液瓶口紧紧地轧在一起，最后经出瓶星轮到输瓶轨道进入后一工序。

5.8.3.4 轧盖开始后，每隔30分钟用扭力测定仪检查轧盖质量，扭力矩＞0.5N·m。

5.8.3.5 结束操作，关闭轧盖机电源。

5.8.3.6 按清洁操作规程清洁消毒设备及工序清场。

5.9 灭菌

5.9.1 工艺流程

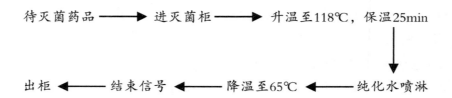

5.9.2 工艺条件

5.9.2.1 灭菌操作在一般生产区内进行。

5.9.2.2 灭菌用冷却水为纯化水。

5.9.2.3 灭菌温度为118℃，时间为25分钟，灭菌Fo值应大于12。

5.9.2.4 压缩空气压力应保持在0.5～0.8MPa。

5.9.2.5 本岗操作人员应按规定穿戴好工作衣、帽和劳保用品。

5.9.2.6 设备：PSMDB-DC-5型水浴灭菌柜。

5.9.3 灭菌前准备

5.9.3.1 检查本岗位卫生状态及设备状态，应符合规定，温度记录仪的记录纸和墨汁应足够；冷却用水应充足；压缩空气处于可供状态。

5.9.3.2 生产开始前进行检查，确保设备和工作场所没有上批遗留的产品、文件或与本批产品生产无关的物品，设备处于已清洁及待用状态。

5.9.4　灭菌工序

5.9.4.1　操作要点与要求：按照《一车间FG10型DSP100/500型上瓶机操作规程》操作，将灭菌小车托平面与上瓶机顶瓶板工作面相平，贮瓶台上推瓶开关检测到有瓶，顶瓶气缸将瓶子顶上，然后将瓶子推入小车。一层瓶子排满，升降平台下降一层，推瓶动作重新开始，随时检查装载方式与数量，上瓶应整齐，每车推瓶装载方式：（横16瓶×竖9瓶+横15瓶×竖9瓶）×7层，共1953瓶。

5.9.4.2　灭菌满载装载方式：推瓶装载完成后，用手工装瓶至满载。如待灭菌产品未能达到满载状态，加色水瓶补充至满载。

5.9.4.3　将装满瓶子的灭菌小车推出，由灭菌装车操作人员将灭菌车送至待灭菌区，并在灭菌车对应灭菌柜最冷点处贴上"灭菌指示条"。

5.9.4.4　操作人员按照《一车间灭菌岗位操作规程》操作，根据生产指令核对实物与标识牌内容一致，检查设备处于已清洁及待用状态，压缩空气、蒸汽、水配备齐全，待灭菌产品逐车检查是否粘贴"灭菌指示条"，送入灭菌柜进行灭菌操作。

5.9.4.5　灭菌药品出柜后每车悬挂中间产品状态标识，标明产品名称、规格、批号、生产日期、数量状态，然后对灭菌柜及时清场，打印灭菌曲线图及报表，附于批生产记录。

5.9.4.6　按照《一车间XP200型卸瓶机操作规程》操作，将灭菌小车从灭菌柜内推出，取下小车上的"灭菌指示条"，贴于灭菌岗位批生产记录上。小车推上升降平台，锁紧止动拴；调整升降平台将灭菌小车提升至最高层托瓶面与卸瓶机上推瓶板工作面相平，将灭菌车一侧的活动护栏取下，点动推瓶板将小车上瓶子推出至传送带上，传送至灯检岗位。

5.9.4.7　灭菌岗操作人员取可见异物不合格的剔除品进行检漏。

5.10　灯检

5.10.1　工艺过程

已灭菌成品 ⟶ 灯检 ⟶ 灯检合格品 ⟶ 送入包装间

5.10.2　工艺条件

5.10.2.1　检查员裸视力应在4.9以上（矫正后5.0以上），应无色盲。

5.10.2.2　检查方法按照标准规定的标准逐瓶目检，QA人员逐批抽查。

5.10.2.3　光源：照度2000～3000Lx的日光灯管。

5.10.2.4　背景：为不反光黑色，在背部右侧和底部为不反光白色。

5.10.2.5　检查距离：供试品距光源20cm，距人眼20～25cm。

5.10.2.6　每瓶检查按正立、平视、倒立三步，共用时间约20秒。

5.10.3　灯检前准备

5.10.3.1　生产开始前进行检查，确保设备和工作场所没有上批遗留的产品、文件或与本批产品生产无关的物料，设备处于已清洁及待用状态。

5.10.3.2　核对待检产品品名、规格、批号，打开灯检台电源开关，调节照度在规定范围。

5.10.3.3 检查日光灯管的照度应符合要求，操作工应注意力集中，视力为4.9以上（矫正后5.0以上），应无色盲，灯检品至灯检人员眼睛的距离为25cm，从传送带上按顺序取待检品，同时检查待检品的外观（包括：瓶外壁洁净度、铝盖胶塞外形）及装量，剔除裂纹、脏瓶、畸形瓶、药液浑浊、装量不足及可见异物等。

5.10.4 灯检工序

5.10.4.1 用三步法在黑白背景下检查可见异物：操作人员手持瓶颈部按直、横、倒三步法旋转检视。（剔除有纤维、块、玻璃屑、白点、色点等可见异物的不合格品）；旋转瓶身360度，检查瓶壁及瓶底是否有结石和裂纹、胶塞与铝盖间是否夹有异物、轧盖质量等，将不合格品按类别分别存放，集中销毁，记录数量并做好记录。

5.10.4.2 灯检物品逐项分类记入报表，应将不合格品做好标记，分类放置于不合格品室内并指定专人负责。

5.10.4.3 灯检结束，认真做好清场工作并做好记录。

5.11 包装，装操作步骤的说明，包括重要的辅助性操作条件和所用设备的注意事项、包装材料使用前的核对

5.11.1 标签印批号

5.11.1.1 操作人员按规定穿戴好工作服，按人员进入生产区域操作规程进入外包间。

5.11.1.2 由专人按生产指令上领用量限量领取标签，标签专区存放，标签印批前应认真核对标签领取数量，准确无误。

5.11.1.3 按生产指令打印批号，根据印批质量进行适当调整，直到所印的产品批号、生产日期、有效期限清晰端正、正确无误。

5.11.1.4 进行标签打印批号。

5.11.1.5 标签打印批号过程中操作人员随时仔细检查印批质量，发现不合格品立即挑出。根据印批质量情况作适当改进，确保标签印批质量符合规定。

5.11.1.6 标签打印批号结束，进行清场清洁操作，清点剩余标签及废标签。

5.11.2 贴签

5.11.2.1 操作人员按规定穿戴好工作服，按相关SOP规定进入外包间贴签岗位。

5.11.2.2 检查本岗位清场清洁状态及设备状态，应符合规定。

5.11.2.3 由专人领取打印批号的标签，标签上的内容必须严格核对，无误后，方可供贴签用。

5.11.2.4 调节贴签机后点动贴签机进行试贴签，对贴签机进行适当调整，直到贴签位置正确。

5.11.2.5 按正常速度贴签，贴签过程中随时检查贴签质量，根据贴签质量，对贴签机进行适当调整，确保贴签印批质量符合规定。

5.11.2.6 贴签过程中发现不合格品立即剔除，经处理后重贴。合格品装箱、计数并作好记录。

5.11.2.7 贴签结束，进行清场清洁操作。清点剩余标签及废签，剩签及时退库，废签在QA人员监督下及时销毁，并做好销毁记录；严格标签管理，标签领用数应与使用数、剩余数、销

毁数之和相符。

5.11.3　纸箱印批号

5.11.3.1　操作人员按规定穿戴好工作服，按人员进入生产区域操作规程进入外包间。

5.11.3.2　由专人按生产指令上领用量限量领取纸箱，纸箱专区存放，纸箱打印批号前应认真核对纸箱领取数量，准确无误、检查印刷文字、图案正确、清晰、颜色一致。

5.11.3.3　按生产指令打印批号，蘸取适量油墨进行试印批号，根据印批质量进行适当调整，直到所印的产品批号、生产日期、有效期限清晰端正、正确无误。

5.11.3.4　进行纸箱印批号。

5.11.3.5　纸箱印批号过程中操作人员随时仔细检查印批质量，发现不合格品立即挑出。根据印批质量情况作适当改进，确保纸箱印批质量符合规定。合格纸箱计数，转交包装岗位。

5.11.3.6　纸箱印批号结束，进行清场清洁操作，清点剩余纸箱及废纸箱。剩余纸箱及时退库，不合格的废纸箱在QA人员监督下及时销毁，并做好销毁记录（严格纸箱管理，其领用数应与使用数、剩余数、销毁数之和相符）。

5.11.4　合格证印批号

5.11.4.1　操作人员按规定穿戴好工作服，按人员进入生产区域操作规程进入外包间。

5.11.4.2　由专人领取合格证，合格证专区存放，合格证印批号前应认真核对品名、规格准确无误。

5.11.4.3　按生产指令打印批号，根据打印批号质量进行适当调整，直到所印的产品批号清晰端正、正确无误。

5.11.4.4　进行合格证打印批号。

5.11.4.5　合格证打印批号过程中操作人员随时仔细检查印批质量，发现不合格品立即挑出。根据印批质量情况作适当改进，确保合格证印批质量符合规定。

5.11.4.6　合格证打印批号结束，进行清场清洁操作，清点剩余合格证及废合格证。剩余合格证及时退库，不合格的废合格证在QA人员监督下及时销毁，并做好销毁记录。

5.11.5　包装

5.11.5.1　折箱：领取已印批号的包装箱，将包装箱按压痕折叠，将下端箱盖对齐靠紧，用不干胶带封口。

5.11.5.2　装箱

5.11.5.2.1　将折好的包装箱放在平台上。

5.11.5.2.2　先在放垫板的纸箱里放泡沫下垫，接着将药瓶装进泡沫孔里（注意药瓶装进泡沫孔的时候不要让瓶签翘起），盖上泡沫上垫，放5张说明书，然后放入合格证，封箱人员根据包装箱上压痕将纸箱上端箱盖对齐靠紧、平整，用不干胶带封口。

5.11.5.3　不足一箱的零头产品做报废处理。

5.11.5.4　QA人员必须经常抽查包装质量、数量。

5.11.5.5　由专人领取监管码，核对品名、规格正确无误后贴于纸箱两侧的空白处并扫描入库。

5.11.5.6　用打包机打包装带。

5.11.5.7　入库人员用铲车运至仓库，寄入库的产品存放在固定的地方，挂上待检标志。待检验合格后办理入库手续。入库人、仓库保管员双方签字，做好入库记录。

5.11.6　操作结束

5.11.6.1　将多领的标签、说明书、纸箱等回收、整理交材料员办理退库。

5.11.6.2　收集并清点印有批号及残损的瓶签、合格证和纸箱，在QA人员的监督下及时记数销毁，并作好记录，及时将销毁数量通报车间管理人员。

5.11.6.3　关闭各种设备的电源，进行清场清洁。

5.11.7　所用设备注意事项

5.11.7.1　对贴标机批号打印头温度较高，不能用手触摸，防烫伤。

5.11.7.2　打包机在作业过程中，防烫伤、防拉伤。

6　所有质量控制方法及合格标准

工序	监控点	监控项目	方法	标准	频次
洗瓶	精洗	洁净度	装洁净注射用水检查	无异物	1次/批
胶塞清洗	清洗后胶塞	洁净度	取最后清洗水100ml检查		1次/批
配制	稀配	性状、主药含量、pH值	药典方法	符合中间产品质量标准	1次/批
灌装	压塞	位置	目检	符合要求	1次/0.5h
	装量	药液体积	用量筒检查	符合标准	1次/0.5h
轧盖	轧盖	压盖松紧度	扭力矩测定法	＞0.5N·m	1次/0.5h
灭菌	灭菌要求	Fo	查记录	Fo＞12	1次/柜
检漏	灭菌后产品	泄露	密封性测试	测试压力：-0.4~-0.45kpa 测试时间：20s~25s	1次/批
灯检	灭菌后产品	可见异物检查	灯检	符合标准	1次/1h
包装	标签	贴签情况	目检	平整/牢固，批号清晰，标签歪斜＜2mm	1次/批
	装箱	装箱情况	目检	装箱数量准确，说明书、合格证齐全	3箱/批
各岗	岗位记录	书写记录	目检	书写规范，填写真实无误	每批
工艺查证	批生产记录	物料平衡率	计算	98%~102.0%	每批

6.1　中间产品检查方法与控制

6.1.1　药液含量、pH值的检查方法和控制

在稀配间取配制好的药液送化验室测定含量和pH值，取样时，装样的玻璃必须清洁，装样

前用药液冲洗3遍。盐酸左氧氟沙星含量测定用高效液相色谱仪测定，中间产品含量控制在95.0%～105.0%，氯化钠含量测定用硝酸银滴定，中间产品含量控制在98.0%～105.0%，pH值为4.5～5.5。

6.2　装量检查方法和控制

6.2.1　装量检查使用量筒。

6.2.2　测量前量筒必须清洁。

6.2.3　测量时，把量筒内残水或药液倒净，然后按灌装机下药管顺序各取1瓶排列好，左手握住量筒，右手按序号拿起药瓶一次性倒入量筒中，待瓶子内的药液滴净把量筒放在水平面上，平视，凹面所对刻度即为药液体积，记下数据，然后将药液倒入余缸，要滴净后再测下一瓶，每一瓶的测量结果都必须在控制范围内，否则要进行调节，装量控制在规定范围。

6.3　压胶塞的检查方法和控制

每批抽取已放好胶塞的药瓶10瓶，逐瓶目测丁基胶塞在瓶口所处的位置是否适中。

6.4　轧盖质量的检查和控制

6.4.1　每批抽查已轧好盖的中间产品20瓶，用扭力测定仪检查轧盖质量，扭力矩＞0.5N·m。

6.4.2　目测铝盖应均匀轧在胶塞上，应平整美观紧密，不得有裂缝、花边等。

6.5　中间产品可见异物的检查和控制

6.5.1　含量、pH值合格的药液，在生产前必须检查可见异物合格后方可灌装，方法是用100ml比色管反复用过滤后的药液冲洗3遍（包括玻璃塞），然后接100ml药液待无气泡后，在灯检架下按正、倒、平视检查观察。

6.5.2　抽取已轧盖好的药瓶20只，置灯检架下分正、倒、平视转动逐瓶检查可见异物，应符合规定。

7　预期的最终产量收率限度、技术经济指标的计算以及有关计算公式

7.1　收率限度：90%～100%。

7.2　物料平衡率及限度控制表

工序	平衡率限度	备注
理瓶	97.0%～100.0%	
稀配	98.0%～102.0%	
灌装	98.0%～100.0%	
压塞	97.0%～100.0%	
轧盖	97.0%～100.0%	
灭菌	100.0%	
灯检	90.0%～100.0%	
说明书	98.0%～100.0%	

续　表

工序	平衡率限度	备注
标签	100.0%	
纸箱	100.0%	
监管码	100.0%	
产品平衡率	100.0%	

7.3　技术经济指标的计算

$$总成品率=\frac{月末入库总量}{理论产量}\times100\%$$

$$理论产量=\frac{投料量}{标准装量}\times100\%$$

7.4　产品物料平衡率的计算：

$$物料平衡率\%=\frac{（实际成品量+不合格品量）\times平均装量+剩余药液量}{理论产量\times标准装量}\times100\%$$

8　待包装产品的储存要求，包括容器、标签及特殊储存条件

8.1　待包装产品的储存要求：遮光，阴凉干燥密闭保存。

8.2　外包装容器、标签由车间定点、专人存放（室温）。

9　需要说明的特别注意事项

9.1　生产过程各岗位要严格执行岗位SOP，严禁违章作业。

9.2　温度为18～26℃，相对湿度为45%～75%；洁净级别不同的相邻房间之间的静压差大于5Pa，洁净室与室外大气的静压差大于10Pa，如温湿度和静压差不在范围时应及时通知车间管理人员或设备工程部相关人员进行调整合格后，才进行生产。

9.3　清洗后的输液瓶必须在4小时内用完，存放不得超过4小时，否则应重新清洗方可使用。

9.4　每次对药液除菌过滤前、后应对除菌过滤器进行起泡点测试，起泡点压力值应在规定范围内，如过滤前起泡点不在范围，应对过滤器进行检查，有无泄漏或更换过滤器；过滤后的起泡点测试如不在范围，应对过滤前进行检查，有无泄漏，如泄漏应对本批药液进行回收，重新进行除菌过滤。

9.5　生产过程中应注意：加热设备的温度应严格控制范围内；压力设备控制在设备规定的压力内。

9.6　灯检人员视力应在4.9以上（矫正后5.0以上）；照度2000～3000Lx的澄明度检测仪；检查距离：明视距离25cm处（调整眼睛距药品25cm左右）；拿取2瓶药品，置灯检架下分正、倒、平视转动逐瓶目检；对剔除的产品按不合格品处理，灯检人员工作每60min休息10min。

10　包装操作要求

10.1　产品的包装规格

包装规格：250ml输液瓶装，250ml×30瓶/箱。

10.2　所用包装材料清单及消耗定额

物料名称	物料代码	物料用量	消耗定额
250ml钠钙玻璃输液瓶	B02	10712	3.0%
注射液用卤化丁基胶塞	B104	10712	3.0%
输液瓶用铝塑复合盖	B07	10712	3.0%
盐酸左氧氟沙星氯化钠注射液标签（250ml：0.5g）	B118	10816	4.0%
盐酸左氧氟沙星氯化钠注射液纸箱（250ml：0.5g）	B121	347	0.1%
盐酸左氧氟沙星氯化钠注射液说明书（250ml：0.5g）	B101	1752	1.0%
盐酸左氧氟沙星氯化钠注射液合格证（250ml：0.5g）	H019	347	0%
盐酸左氧氟沙星氯化钠注射液监管码（250ml：0.5g）	J019	694	0%

10.3　印刷包装材料的实样或复制品，以及标明产品批号、有效期打印位置的样张；见附件1-3。

附件1：标签样张。

附件2：说明书样张。

附件3：纸箱印刷样稿。

10.4　需要说明的特别注意事项

10.4.1　包装岗位每天工作结束或更换品种、规格或批号时应进行清场，经QA人员检查合格发放给清场合格证后，方可更换包装品种、规格或批号。

10.4.2　包装间同时包装不同品种或不同批号产品时应采取有效的隔离措施。

10.4.3　备好的包装材料放置于规定的地方，挂上物料状态牌标明品名、规格、数量，做好登记。

10.4.4　包装前应核对领取材料准确无误，不合格的包装材料应退回处理。

11　技术安全

11.1　设备安全要求

11.1.1　传动设备安全要求

11.1.1.1　传动设备启动前，应先用手点动或盘动皮带（或用盘车手轮）运转两周，看是否灵活，皮带松紧是否适宜，一切正常再按启动开关。

11.1.1.2　设备运转过程中不得用手接触传动部位，清理机器、排除故障或注油等操作必须停机进行。

11.1.1.3　清洗设备必须用毛刷或其他工具，以防碎玻璃划破手指，传动部分必须要有防护罩，维修后必须立即将防护罩复原，操作者戴好工作帽，有长发者不得外露，以防卷入传动部分。

11.1.2　受压设备安全要求

11.1.2.1　受压设备严禁撞击、敲打，要定期试压，不得超温、超压。

11.1.2.2　要装有压力表、安全阀、温度表，并应对以上设施进行定期检查、校正，以防失灵。

11.1.2.3　设备维修时，必须将罐内压力降至零，才能进行拆卸。

11.1.2.4　设备的日常使用与维护应由专人负责，未经允许不得擅自使用设备。

11.1.3　电器设备安全要求

11.1.3.1　电器设备应注意防潮，严禁用湿手接触或用水冲洗电器设备，并应安装接地装置。

11.1.3.2　一切电器设备发生故障时，必须通知电器维修工进行修理，并在现场设置明显标志。

11.1.3.3　发现电器设备发出焦煳气味或冒火花时，应立即拉下电闸，通知电工。

11.1.3.4　严格遵守电焊机的使用规则，防止紫外线直射眼睛、皮肤。

11.1.3.5　修理电器设备时，应首先关闭电源，以防发生事故，并应挂有检修标志牌。

11.2　化学物品的安全要求及劳动保护

11.2.1　乙醇：有毒，空气中最高允许浓度为1000PPM（190mg/m³），不能饮用，若大量饮用乙醇，麻醉中枢神经，陷于致死性虚脱，可造成突然死亡，乙醇易燃，必须设专人管理，限量定置，密闭存放。

11.2.2　甲醛：有毒，吸入甲醛蒸气会引起恶习、鼻炎、支气管炎和结膜炎等，甲醛直接与皮肤接触会引起灼伤，应用大量水冲洗再用肥皂水或2%碳酸钠溶液洗涤，现场操作要求穿戴规定的防毒面具，自然通风良好，空气中最大允许浓度为10ppm。

11.3　生产区环境安全要求

11.3.1　工作岗位及通道应有足够的照明设施。

11.3.2　车间走廊通道，严禁堆放物品。

11.3.3　更换产品时，生产现场所有设备、工器具必须彻底清洁，成品、中间产品、剩余原料，必须贴有明显标记，定点存放，必须严格执行清场管理制度，防止发生混药或交叉污染。

11.3.4　应严格执行废液、废品、不合格品的管理制度，不得随意倾倒，以防造成环境污染，损害他人身体健康。

11.3.5　生产区工艺流程布置应合理、紧凑，避免人流物流混杂。

11.3.6　空调送风口应配备过滤装置，并定期进行监测。

11.4　安全防火

11.4.1　车间内严禁吸烟和携带火种。

11.4.2　车间内应有完备的消防设施和消防器材，消防器材应定点存放、定期检查，及时更换。

11.4.3　在电灯和电器设备附近，不得堆放易燃易爆品。

11.4.4　易燃易爆品应由专人管理、专库存放，领用手续应完备，使用时应两人以上操作。

11.4.5　正常生产过程中车间内严禁动火，检修确需动火时，要严格执行动火管理制度。

11.5　工艺卫生

11.5.1　一般生产区

11.5.2　进入生产区应按规定穿戴工作衣、帽，头发应无外露。

11.5.3　操作人员应勤洗澡、理发、保持个人卫生，工作衣、帽应整洁，工作服每周至少清洗二次。

11.5.4　操作过程中应保持操作现场有序，物品摆放应整齐，操作人员不得乱窜、大声喧哗、做与工作无关的事情。

11.5.5　操作间应保持室内整洁，不得有积灰、积水、垃圾、痰迹。操作过程中产生的杂物应及时清理。

11.5.6　所有生产人员每年体检一次，患传染病、精神病者不得从事药品生产。

11.5.7　操作人员应严格按照标准操作程序进行操作。

11.6　D级洁净区

11.6.1　操作人员应勤洗澡、理发、保持个人卫生，工作衣、帽应整洁，工作服每天清洗。

11.6.2　进入D级洁净区管理制度。

11.6.2.1　人员打指纹进入更鞋间，脱下一般生产区工作鞋，放入更鞋凳的外侧鞋柜内。

11.6.2.2　人员进入男（女）一更间，脱下一般生产区工作服、帽，整齐地放在更衣柜内，按洗手烘干消毒示意图洗手、烘干、手消毒。

11.6.2.3　人员进入男（女）二更间，随手关门，走到鞋柜前，提一只脚放进鞋柜格中将鞋脱在格中，伸出脚直接踏上鞋柜上，另一只脚跟着提上来放进鞋柜格中将鞋脱在格中后伸出来也踏在鞋柜上，站在鞋柜上从衣架上取下个人编号的洁净服按洁净区人员更衣程序更衣（关键岗位操作者应戴一次性无菌手套），更衣后走到气闸间用75%乙醇消毒手。

11.6.2.4　出气闸间即为D级洁净走廊，可进入各操作间或进入C级区。

11.6.3　操作过程中应保持操作现场有序，物品摆放应整齐，操作人员不得乱窜、大声喧哗、做与工作无关的事情。

11.6.4　操作间应保持室内整洁，不得有积灰、积水、垃圾、痰迹。操作过程中产生的杂物应及时清理，操作现场不得有与生产无关物品。

11.6.5　所有生产人员每年体检一次，患传染病、隐性传染病、皮肤病、精神病者不得从事药品生产，操作人员应严格按照标准程序进行操作。

11.6.6　D级洁净区正常生产时每年用甲醛消毒两次；每周用臭氧消毒一次，如停产三天以上必须用臭氧重新消毒。

11.7　C级洁净区

11.7.1　区域环境卫生要求

11.7.1.1　C级洁净区地面应整洁、门窗玻璃、墙面、顶棚洁净完好，装修材料，应不起尘、不落屑、设备管道、管线排列整齐、清洁、无跑、冒、滴、漏现象。

11.7.1.2　C级洁净区内物品，工器具应定置存放，不得随意搬动，随意增减，人员定额不能超过平均每四平方米一人。

11.7.1.3　洁净室外，传递柜的两侧门不得同时打开，以保持C级的洁净度。

11.7.1.4　每班工作结束，应将门窗、玻璃、地面、顶棚、桌椅、更衣室等用注射用水彻底擦洗干净，用75%的乙醇或0.2%新洁尔灭擦拭消毒。

11.7.1.5　按文件规定对功能间的尘埃粒子数进行测定并记录，每半年对高效过滤器及层流罩进行风量检查。

11.7.1.6　生产过程中按文件规定对功能间各部位的沉降菌进行测定，并记录。

11.7.1.7　生产过程中应轻走、轻动，不得大声喧哗、打闹。

11.7.1.8　洁净室不得安排三班生产，每天必须有足够的时间用于消毒，更换品种时必须有至少6小时的间歇。

11.7.2   个人卫生要求

11.7.2.1   进入洁净室的操作人员必须经过健康检查，确定无传染病（如感冒、结核、肺炎、皮肤病等）、精神病方准进入，每年应进行一次复查。

11.7.2.2   操作者双手有外伤，应及时报告车间主任，由车间主任根据实际情况安排工作。

11.7.2.3   进入洁净区的人员，应经常洗澡、理发、刮胡须，保持个人清洁，并不得留长指甲、化妆，不得佩戴任何饰物，包括手表。

11.7.3   C级洁净区消毒制度

11.7.3.1   每日工作开始前，应用75%的乙醇溶液将机台表面擦洗一遍。

11.7.3.2   操作过程中，关键岗位操作者应戴一次性无菌手套。

11.7.3.3   每日工作结束，进行一次消毒，将地面、墙面、顶棚、所有工器具、机台等传送带包括更衣室、缓冲室等用注射用水清洗干净后，用75%的乙醇或0.2%新洁尔灭擦拭消毒，工器具蒸汽灭菌。

11.7.3.4   C级区每年用甲醛消毒两次；每周用臭氧消毒一次，如停产三天以上必须用臭氧重新消毒。

11.7.4   人员进出C洁净区管理制度

11.7.4.1   人员先按D级区人员净化操作规程进入C级区。

11.7.4.2   C级区更衣间脱D级工作鞋，按C级洁净区更衣程序更衣，穿上C级洁净连体服，扎好领口，戴好口罩，穿C级工作鞋，进入气闸间。

11.7.4.3   在气闸间，消毒双手后进入各操作间。

11.7.4.4   出C级洁净区时，应按相反顺序退出。

11.7.5   物品进入C级洁净区消毒制度

11.7.5.1   生产所需原材料、工器具和其他物品，首先经过物净间去外包、内包除尘，经传递窗用紫外线杀菌30分钟进入D级区。

11.7.5.2   在物净间用75%乙醇消毒表面，经传递窗紫外线杀菌30分钟后传入C级洁净区备用。

11.7.5.3   C级洁净区内所用记录，应在清场合格后按物净程序传入C级洁净区。

11.7.5.4   凡进入C级洁净区的工器具，都必须按11.7.5.2的方法进行消毒。

11.7.6   洁净服管理制度

11.7.6.1   洁净服必须每班更换、洗涤、灭菌一次。

11.7.6.2   洗涤前的洁净服仔细检查，破损的挑出，进行缝补，未洗净重新洗涤。

11.7.6.3   将洁净服叠整齐，按编号逐件配套，放入洁净衣袋中，放入灭菌柜内灭菌。

11.7.6.4   洁净服的灭菌，应在0.1MPa蒸汽压力下，121℃，灭菌30分钟，在生产前送入更衣室。

11.7.6.5   灭菌后的洁净服，应在48小时内使用，超过48小时应重新灭菌。

12   工艺规程的变更

12.1   工艺规程变更的频次：3年修订变更一次，如遇有工艺的改变，设备的变更等情况时可随时修订。

12.2　需要变更时，一般工艺条件的改进，修订工艺规程时由车间提出书面报告，经生产物料部讨论批准，质量部备案后，并经验证后证明对产品质量没有影响，方可执行。

12.3　变更时要出具变更通知书，注明改进日期、实施日期，审批者及实施者均应签名，并在工艺规程变更表上注明，重大工艺改革项目需经风险评估后再修订执行。

12.4　变更时，按制定的程序进行的修订、审核、批准。

12.5　当新的工艺规程和岗位标准操作规程批准执行时，收回旧的工艺规程和岗位标准操作规程。

12.6　当工艺规程发生变更时，相应岗位的标准操作规程也应同时修订。

13　劳动组织与岗位定员

13.1　组织一览表

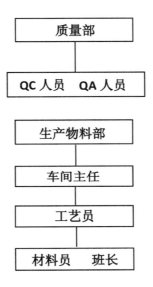

13.2　岗位定员

岗位	定员	岗位	定员
车间主任	1	理瓶	5
工艺员	1	灭菌前装瓶	2
材料员	1	灭菌	4
粗洗	2	灭菌后卸瓶	3
精洗	2	灯检	7
浓配	2	包装	15
稀配	2	胶塞清洗	1
灌装	2	辅助	2
轧盖	2	工器具灭菌	1

第四节　质量管理（质量标准和检验操作规程）

乳酸环丙沙星氯化钠注射液质量标准及检验操作规程

1　目的

制定乳酸环丙沙星氯化钠注射液质量标准及检验操作规程。

2　范围

适用于乳酸环丙沙星氯化钠注射液的检验。

3　责任

中心化验室主任、化验员对本标准负责。

4　质量标准

检验项目	法定标准	内控标准
［鉴别］ （1）	供试品溶液主峰的保留时间应与对照品溶液主峰的保留时间一致	供试品溶液主峰的保留时间应与对照品溶液主峰的保留时间一致
（2）	供试品溶液主斑点的位置和颜色应与对照品溶液主斑点的位置和颜色相同，且供试品溶液所显主斑点的颜色不应浅于对照品溶液主斑点的颜色	供试品溶液主斑点的位置和颜色应与对照品溶液主斑点的位置和颜色相同，且供试品溶液所显主斑点的颜色不应浅于对照品溶液主斑点的颜色
（3）	本品显钠盐与氯化物的鉴别反应（附录Ⅲ）	本品显钠盐与氯化物的鉴别反应（附录Ⅲ）
［检查］ pH值 吸光度 有关物质 重金属 渗透压摩尔浓度 细菌内毒素 不溶性微粒 装量 可见异物 无菌	应为3.5～4.5 在430nm的波长处测定，吸光度不得大于0.03 应符合规定 含重金属不得过千万分之十 应为0.90～1.10 每1ml中含内毒素的量应小于0.50EU 应符合规定 应符合规定 应符合规定 应符合规定	应为3.6～4.4 在430nm的波长处测定，吸光度不得大于0.03 应符合规定 含重金属不得过千万分之十 应为0.91～1.09 每1ml中含内毒素的量应小于0.50EU 应符合规定 应符合规定 应符合规定 应符合规定
［含量测定］	含乳酸环丙沙星按环丙沙星（$C_{17}H_{18}FN_3O_3$）计算，应为标示量的90.0%～110.0%	含乳酸环丙沙星按环丙沙星（$C_{17}H_{18}FN_3O_3$）计算，应为标示量的91.0%～109.0%

5 检验操作规程

5.1 ［性状］本品为无色或几乎无色的澄明液体。

5.1.1 操作方法：目测。

5.1.2 结果判定：所观察的供试品外观与上述描述相符者可判为符合规定；不符者则判为不符合规定。

5.2 ［鉴别］

5.2.1 HPLC鉴别

5.2.1.1 仪器：高效液相色谱仪。

5.2.1.2 色谱条件与系统适用性试验：用十八烷基硅烷键合硅胶为填充剂；0.025mol/L磷酸溶液–乙腈（87：13）（用三乙胺调节pH值至3.0±0.1）为流动相，流速每分钟1.5ml，检测波长为278nm。称取氧氟沙星对照品、环丙沙星对照品和杂质Ⅰ对照品各适量，加流动相溶解并稀释制成每ml中约含氧氟沙星5μg、环丙沙星0.1mg和杂质Ⅰ10μg的混合溶液，取20μl注入液相色谱仪，记录色谱图，环丙沙星峰的保留时间约为12分钟。环丙沙星峰与氧氟沙星峰和杂质Ⅰ峰的分离度均应符合要求。

5.2.1.3 操作方法：本品适量用流动相稀释成每1ml含环丙沙星0.1mg的溶液，取20μl注入液相色谱仪，记录色谱图；另取环丙沙星对照品适量，精密称定，用流动相稀释成每1ml含环丙沙星0.1mg的溶液，同法测定，记录色谱图。

5.2.1.4 结果与判定：本项鉴别可直接使用含量测定项下的相应图谱，供试品峰的保留时间应与对照品峰的保留时间一致为符合规定，否则为不符合规定。

5.2.2 TLC鉴别

5.2.2.1 器具与试剂：硅胶G薄层板，展开剂：甲苯–乙酸乙酯–乙醚–甲酸（6：3：2：1），显色剂：含0.075%溴甲酚绿和0.025%溴酚蓝的无水乙醇溶液。

5.2.2.2 操作方法：取本品作为供试品溶液；取乳酸适量，加水制成每ml中约含乳酸0.4mg的溶液，作为对照品溶液；另取乳酸、琥珀酸和马来酸适量，加水溶解并稀释制成每ml中各约含0.4mg的混合液，作为系统使用性试验。照《薄层色谱法SOP》试验，吸取上述三种溶液各10μl，分别点于同一硅胶G薄层板上，以甲苯–乙酸乙酯–乙醚–甲酸（6：3：2：1）为展开剂，展开后，晾干，在105℃加热20分钟后，放冷，喷以显色剂（含0.075%溴甲酚绿和0.025%溴酚蓝的无水乙醇溶液）显色，观察。

5.2.2.3 结果判定：系统使用性试验溶液应显三个完全分离的斑点，供试品溶液所显主斑点的位置与颜色与对照品溶液的主斑点的位置与颜色相同，且供试品溶液所显主斑点的颜色不浅于对照品溶液的主斑点的颜色为符合规定，否则为不符合规定。

5.2.3 本品显钠盐鉴别反应

5.2.3.1 燃烧法

5.2.3.1.1 仪器：铂丝、平皿。

5.2.3.1.2 试液：酒精、盐酸。

5.2.3.1.3 操作方法：将酒精倒入平皿中，点燃，将铂丝烧红，趁热浸入盐酸中，反复处理，直至火焰颜色不现黄色，再蘸取供试品，在无色的酒精火焰中燃烧，观察火焰颜色。

5.2.3.1.4　结果判定：黄色火焰持续数秒不退，判为呈正反应；否则判为呈负反应。

5.2.3.2　沉淀反应

5.2.3.2.1　仪器：试管、滴管。

5.2.3.2.2　试液：15%碳酸钾溶液（取碳酸钾15g，加水溶解并稀释至100ml，即得）、焦锑酸钾试液（取焦锑酸钾2g，在85ml热水中溶解，迅速冷却，加入氢氧化钾溶液（3→20）10ml；放置24小时，滤过，加水稀释至100ml，即得）。

5.2.3.2.3　操作方法：（1）取本品适量置10ml试管内，加15%碳酸钾溶液2ml，加热至沸，观察；（2）然后加焦锑酸钾试液4ml，加热至沸；置冰水中冷却，用玻棒摩擦试管内壁，观察。

5.2.3.2.4　结果判定：（1）中不得有沉淀生成，且（2）中应有致密的沉淀生成者，判为呈正反应；否则判为呈负反应。

以上两种方法任选一种进行实验。

5.2.4　本品显氯化物鉴别反应

5.2.4.1　仪器：试管、滴管、离心机。

5.2.4.2　试药与试液：稀硝酸（取硝酸105ml，加水稀释至1000ml，即得）、硝酸银试液［可取用硝酸银滴定液（0.1mol/L）］、氨试液（取浓氨溶液400ml加水使成1000ml，即得）。

5.2.4.3　操作方法：取本品适量置试管内，滴加稀硝酸使成酸性后，再滴加硝酸银试液，即生成白色凝乳状沉淀，然后将试管移置离心机内分离，沉淀加氨试液数滴即溶解，再加硝酸，沉淀复生成。

5.2.4.4　结果判定：观察供试品反应的结果与上述反应结果一致可判为呈正反应；否则判为呈负反应。

5.3　［检查］

5.3.1　pH值

5.3.1.1　限度：pH值应为3.6～4.4。

5.3.1.2　仪器：pHS～3C酸度计。

5.3.1.3　缓冲液：苯二甲酸盐标准缓冲液、磷酸盐标准缓冲液。

5.3.1.4　操作方法：取本品，照pH值测定操作规程（OS-JY-0015）测定，记录所测数值。

5.3.1.5　结果判定：所测数值根据有效数字的修约规则进舍至小数点后一位，所得数值在3.6～4.4范围内，判为符合规定；否则判为不符合规定。

5.3.2　吸光度

5.3.2.1　限度：吸收度不得过0.03。

5.3.2.2　仪器：紫外–可见分光光度仪。

5.3.2.3　操作方法：取本品，照紫外–可见分光光度法测定操作规程（OS-JY-0013）操作在430nm波长处测定吸收度。

5.3.2.4　结果判定：测得的吸收度不超过0.03判为符合规定；否则判为不符合规定。

5.3.3　有关物质

5.3.3.1　限度：供试品溶液色谱图中如有杂质峰（相对保留时间小于0.2的峰不计），杂质A（262nm检测）按外标法以峰面积计算，不得过0.3%；杂质C（278nm检测）按校正后的峰面积

（乘以校正因子0.6）不得大于对照溶液主峰面积的2.5倍（0.5%）；杂质B、D和E（278nm检测）按校正后的峰面积计算（分别乘以校正因子0.7、1.4和6.7）均不得大于对照溶液主峰面积（0.2%）；其他单个杂质峰（278nm检测）面积不得大于对照溶液主峰面积（0.2%），各杂质（278nm检测）校正后峰面积的和不得大于对照溶液主峰面积的3.5倍（0.7%）。

5.3.3.2　仪器：高效液相色谱仪

5.3.3.3　色谱条件与系统适用性试验：用十八烷基硅烷键合硅胶为填充剂；流动相A：0.025mol/L磷酸溶液–乙腈（87∶13）（用三乙胺调节pH值至3.0±0.1）；流动相B：乙腈。按下表进行线性梯度洗脱，流速每分钟1.5ml。称取氧氟沙星对照品、环丙沙星对照品和杂质Ⅰ对照品各适量，加流动相A溶解并稀释制成每ml中约含氧氟沙星5μg、环丙沙星0.5mg和杂质Ⅰ10μg的混合溶液，取20μl注入液相色谱仪，以278nm为检测波长，记录色谱图，环丙沙星峰的保留时间约为12分钟。环丙沙星峰与氧氟沙星峰和杂质Ⅰ峰的分离均应符合要求。

时间（分钟）	流动相A（%）	流动相B（%）
0	100	0
16	100	0
53	40	60
54	100	0
65	100	0

5.3.3.4　操作方法：取本品适量，加流动相稀释制成每1ml中含环丙沙星0.5mg的溶液作为供试品溶液；精密量取供试品溶液适量，加流动相A稀释制成每1ml中含环丙沙星1μg的溶液，作为对照溶液。另精密称取杂质A对照品约15mg，置100ml量瓶中，加6mol/L氨溶液与水适量溶解，用水稀释至刻度，摇匀，作为杂质A对照溶液。取供试品溶液、对照溶液和杂质A对照溶液各20μl注入液相色谱仪，以278nm和262nm为检测波长，记录色谱图，环丙沙星峰的相对保留时间为1，杂质E、杂质B、杂质C、杂质I和杂质D峰的相对保留时间分别为0.3、0.6、0.7、1.1和1.2。

5.3.3.5　结果判断：检测结果符合限度要求为符合规定，否则为不符合规定。

5.3.4　重金属

5.3.4.1　限度：含重金属不得过千万分之十。

5.3.4.2　仪器：25ml纳氏比色管、刻度吸管、恒温水浴锅、瓷蒸发皿等。

5.3.4.3　试药、试液、指示液、缓冲液与标准溶液：硝酸（分析纯）、盐酸（分析纯）、氨试液（取浓氨溶液400ml加水使成1000ml，即得）、酚酞指示液（取酚酞1g，加乙醇100ml使溶解，即得）、醋酸盐缓冲液（pH3.5）[取醋酸铵25g，加水25ml溶解后，加7mol/L盐酸溶液38ml，用2mol/L盐酸溶液或5mol/L氨溶液准确调节pH值至3.5（电位法指示），用水稀释至100ml，即得]、硫代乙酰胺试液[取硫代乙酰胺4g，加水使溶解成100ml，置冰箱中保存。临用前取混合液（由1mol/L氢氧化钠溶液15ml，水5.0ml及甘油20ml组成）5.0ml，加上述硫代乙酰胺溶液1.0ml，置水浴上加热20秒钟，冷却，立即使用]、标准铅溶液（精密量取标准铅贮备液10ml，置100ml量瓶中，加水稀释至刻度，摇匀，即得每1ml相当于10μg的pb）。

5.3.4.4　操作方法：取本品20ml置水浴上蒸干，炽灼后遗留的残渣，加硝酸0.5ml，蒸干，至氧化氮蒸气除尽后，放冷，加盐酸2ml，置水浴上蒸干后加水15ml，滴加氨试液至对酚酞指示液显中性，再加醋酸盐缓冲液（pH3.5）2ml，微热溶解后，移置纳氏比色管中，加水稀释成25ml，另取配制供试品溶液的试剂，置瓷皿中蒸干后，加醋酸盐缓冲液（pH3.5）2ml与水15ml，微热溶解后，移置纳氏比色管中，加标准铅溶液2.0ml，再用水稀释成25ml，在上述两管中分别加入硫代乙酰胺试液各2ml，摇匀，放置2分钟，同置白纸上，自上向下透视，比较。

5.3.4.5　结果判定：样品管颜色浅于或等于对照管的颜色，判为符合规定；否则判为不符合规定。

5.3.5　渗透压摩尔浓度

5.3.5.1　限度：渗透压摩尔浓度比应为0.91～1.09。

5.3.5.2　仪器：渗透压摩尔浓度测定仪。

5.3.5.3　操作方法：取本品，照渗透压摩尔浓度检查操作规程（OS-JY-0065）检测，记录所测数值。

5.3.5.4　结果判定：所得数字在限度范围内，可判为符合规定；否则判为不符合规定。

5.3.6　细菌内毒素

5.3.6.1　限度：每1ml中含内毒素的量应小于0.50EU。

5.3.6.2　仪器：恒温水浴锅、旋涡混合器、取样器、无热原空安瓿等。

5.3.6.3　试剂、标准品：内毒素检查用水（无热原水）、鲎试剂（为冻干品、规格为0.1ml/支）、细菌内毒素工作标准品。

5.3.6.4　操作方法：取本品，照细菌内毒素检查操作规程（OS-JY-0016）检查。

5.3.7　不溶性微粒

5.3.7.1　限度：每1ml中含10μm及10μm以上的微粒不得过25粒，含25μm及25μm以上微粒不得过3粒（光阻法）；每1ml中含10μm及10μm以上的微粒不得过12粒，含25μm及25μm以上微粒不得过2粒（显微计数法）。

5.3.7.2　仪器、设备：注射液微粒分析仪、微孔滤膜（φ0.45μm）及滤器。

5.3.7.3　操作方法：取本品1瓶，照不溶性微粒检查操作规程（OS-JY-0034）检测，记录所测数值计算。

5.3.7.4　结果判定：计算所得数字在限度范围内，可判为符合规定；否则判为不符合规定。

5.3.8　装量

5.3.8.1　限度：平均装量不少于标示装量，每个容器装量不少于标示装量的97%。

5.3.8.2　仪器：量筒。

5.3.8.3　操作方法：取本品3瓶，照最低装量检查操作规程（OS-JY-0035）检查。

5.3.8.4　结果判定：检查结果均在限度范围内判为符合规定；否则判为不符合规定。

5.3.9　可见异物

5.3.9.1　限度：20瓶供试品中均不得检出明显可见异物。如检出微细可见异物的供试品仅有1瓶，应另取20瓶同法复试，均不得检出。

5.3.9.2　设备：澄明度检测仪。

5.3.9.3　操作方法：取本品20瓶，照可见异物检查操作规程（OS-JY-0059）检查。

5.3.9.4　结果判定：检查结果符合限度要求为符合规定；否则判为不符合规定。

5.3.10　无菌

5.3.10.1　设备、仪器与用具：超净工作台、生化培养箱、真空泵、酒精灯、抽滤瓶、镊子、剪刀、薄膜过滤器与接种针（环）等。

5.3.10.2　试液与消毒剂：无菌生理盐水、75%乙醇、0.2%新洁尔灭溶液。

5.3.10.3　对照菌：大肠埃希菌。

5.3.10.4　培养基：需气、厌气菌培养基，真菌培养基。

5.3.10.5　操作方法：取本品，照无菌检查操作规程（OS-JY-0017）薄膜过滤法检查。

5.4　［含量测定］

5.4.1　限度：含环丙沙星应为标示量的91.0%～109.0%

5.4.2　色谱条件与系统适用性试验：用十八烷基硅烷键合硅胶为填充剂；0.025mol/L磷酸溶液-乙腈（87∶13）（用三乙胺调节pH值至3.0±0.1）为流动相，流速每分钟1.5ml，检测波长为278nm。称取氧氟沙星对照品、环丙沙星对照品和杂质Ⅰ对照品各适量，加流动相溶解并稀释制成每ml中约含氧氟沙星5μg、环丙沙星0.1mg和杂质Ⅰ10μg的混合溶液，取20μl注入液相色谱仪，记录色谱图，环丙沙星峰的保留时间约为12分钟。环丙沙星峰与氧氟沙星峰和杂质Ⅰ峰的分离均应符合要求。

5.4.3　操作方法：本品适量用流动相稀释成每1ml含环丙沙星0.1mg的溶液，取20μl注入液相色谱仪，记录色谱图；另取环丙沙星对照品适量，精密称定，用流动相稀释成每1ml含环丙沙星0.1mg的溶液，同法测定，记录色谱图。

5.4.4　计算按外标法以峰面积计算

用含对照品的对照液色谱峰响应值按下式计算比值（r）

$$r = Cr/Ar$$

其中Cr和Ar分别为对照品的浓度和相应的峰面积或峰高。

再根据供试品溶液的色谱峰响应值，计算出供试品中被测定成分的浓度（Ci）：

$$Ci = r \times Ai$$

其中Ai为供试品溶液中被测成分的峰面积或峰高。必要时，再根据稀释倍数和取样量折算成标示量的百分含量，或根据稀释倍数、取样量和标示量折算成百分含量。

5.4.5　结果判定：计算所得数值修约至小数点后一位。所得数值在限度范围内者可判为符合规定，否则判为不符合规定。

6　类别：喹诺酮类抗菌药

7　产品规格和包装形式

按环丙沙星计：（1）100ml：0.2g；玻璃输液瓶装，100ml/瓶，100瓶/箱。

（2）200ml：0.4g；玻璃输液瓶装，200ml/瓶，30瓶/箱。

8　产品代码：（暂缺）

9　贮藏：遮光，密闭保存

10　有效期

（1）100ml：0.2g；12个月。

（2）200ml：0.4g；24个月。

11　制定本规程依据：《中国药典》20××年版二部

第五节　设备管理

一、设备规划、选购及安装调试制度

1　目的

确保设备在规划、选购及安装调试整个过程都有章可循，确保设备符合GMP要求。

2　适应范围

本制度适合我公司内部所有设备的设备规划、选购及安装调试。

3　责任人

设备工程部：负责本文件的起草

设备工程部、生产物料部负责规划和安装调试，设备工程部负责选购。

4　内容

4.1　设备规划

4.1.1　设备规划应由公司总经理负责组织有关部门进行商讨。

4.1.2　设备规划要从本公司发展的角度出发，充分考虑其生产能力、先进性。本着经济、实用、结构简单、易操作等原则进行设计规划，不可盲目追求过大过高，造成浪费。

4.1.3　设备规划要考虑本公司现有设施的配套能力，整体规划布局。

4.1.4　设备的设计、选型、安装、改造和维护必须符合预定用途，应当尽可能降低产生污染、交叉污染、混淆和差错的风险，便于操作、清洁、维护，以及必要时进行的消毒或灭菌。

4.1.5　产生粉尘、有害气体的设备要考虑相应的除尘、环保等净化设施。

4.2　设备选购

4.2.1　设备选购要首先对该种设备生产厂家的信息资料加以收集整理。

4.2.2　由设备工程部收集信息，征求各方意见后，确定生产厂家。

4.2.3　主要设备（联动生产线、产品灭菌柜、制水设备）要做出用户需求标准（URS），设备供应商应按URS完成设备制作。

4.3　工厂现场测试（FAT）

4.3.1　设备制作完成后，设备工程部应组织相关部到设备供应商对设备进行检查，检查的依据为设备合同以及用户需求标准（URS）。

4.3.2　有条件作设备供应商现场测试的主要设备（如联动生产线、产品灭菌柜、制水设备等），应要求供应作商设备现场测试（FAT）。

4.4 设备安装调试与验收

4.4.1 选购设备到货后,设备工程部组织有关人员进行开箱验收。

4.4.2 设备开箱验收必须由设备工程部、施工单位同时派人参加。设备开箱,应该对以下项目进行检查,并做出记录。

4.4.2.1 箱号和箱数以及包装情况。

4.4.2.2 装箱单清点资料和设备件数是否齐全。

4.4.2.3 检查设备名称、型号和规格是否相符,质量合格证、图纸等技术资料是否齐全。

4.4.2.4 检查设备有无缺件,表面有无损坏和锈蚀等情况。

4.4.2.5 验收合格后应认真填写设备开箱记录,方可正式安装。

4.4.3 设备安装调试必须按照GMP要求对关键设备进行验证。

4.4.4 设备安装调试过程中必须有明确的计划和专业技术人员指导监督,对于疑难问题必须有报告和讨论,不得擅自作主,以免造成损失。

4.4.5 设备安装调试要充分考虑设备与环境的等级要求,施工方式所用材料按照设计规范执行。

4.4.6 设备安装调试过程中的任何变更,必须有变更审批手续,并与其他所有施工资料归档保存,以备查用。

4.4.7 设备安装

设备安装由设备工程部组织进行,设备供应商派员进行设备安装,使用部门、修理室派员协助。

4.4.8 设备现场测试(SAT)

设备安装完成后,由设备工程部组织,设备供应商及各相关部门派员参加,模拟生产情况对设备进行运行,测度试各项性能指标应满足设计要求。

4.4.9 设备验收

主要设备在设备现场测试(SAT)完成后,应根据验收方案进行验收,严格按照预定方案进行,对验收结果进行鉴字。

4.4.10 资料入档。

二、设备管理制度

1 目的
对设备的管理做出规范,确保与设备有关的各项工作都有章可循。

2 适用范围
适用于对设备使用时的管理。

3 责任人
设备工程部:负责本文件的起草,并对各项工作进行检查落实。

4 内容
4.1 凡原属固定资产的生产设备(同时具备以下两个条件者:价值在1500元以上;使用期限在一年以上),是指从原料进厂至成品离厂前整个生产过程中使用的设备由工程设备部负责管理，包括医药生产设备、动力设备、机修设备、运转设备、仪器仪表及传输管线。

4.2 所有的在用设备必须登记造册，建立设备记录卡及技术档案资料，投入使用时由工程设备部负责统一编号。

4.3 工程设备部部长，对全厂设备的账、卡、物相符负责，车间主任（部门负责人）对所使用设备的账、卡、物相符负责。工程设备部、车间主任对设备安全生产负责，并作设备事故管理。

4.4 设备须制定标准操作程序，设备保养检修规程及设备清洗规程，必须有设备使用、维修保养记录。

4.5 设备除生产厂家自制的设备铭牌外，企业内部也应制定本公司的设备铭牌，铭牌内容应包括设备的名称、型号、功率、电压、生产能力、设备责任人等。

4.6 所有设备必须有状态标志，固定管线应有标明内容物及流向的标志。

4.7 严格按照设备标准操作程序进行操作，严防因违反标准操作程序而造成人身伤亡事故及设备事故。

4.8 各级设备管理人员和使用人员要明确职责，按章办事。

三、计量器具管理制度

1 目的

建立计量器具管理规范，保证计量器具使用、维护的每一个环节都在监控之下，保证生产和检验用仪器、仪表、量具、衡器等适用范围、精密度符合生产和检验要求。

2 适用范围

适用于本公司计量器具的管理。

3 责任人

设备工程部负责检查落实，使用部门负责维护保养管理。

4 内容

4.1 凡企业内所有使用的计量器具均按照国家计量器具管理标准实行统一管理。

4.2 必须按照生产工艺的要求配置相应数量的计量器具，不得相互串用，以防止污染。

4.3 在用计量器具要按计划周期进行送检，凡新购和库存的计量器具，必须送检，取得合格证后方可使用，不合格的计量器具不准用于生产和质量检验。

4.4 计量器具应建立台账，做到账物相符。

4.5 计量器具范围应包括：玻璃器皿、压力表、真空表、温度计、温湿度计、压差计、磅秤、天平、流量计、电导仪率、分析仪器等。

4.6 我厂计量器具实行分级管理，共分为A、B、C类。

4.6.1 A计量器具包括：

4.6.1.1 我公司的最高计量标准。

4.6.1.2 用于贸易结算、医疗卫生、安全防护和环境监测方面，并列入强制检定计量器具目录的工作计量器具。

4.6.1.3 用于工艺控制、质量检测、能及经营管理对计量数据要求高的关键部位的计量器具。

4.6.2 B类计量器具包括：

4.6.2.1　用于工艺控制、质量检测中计量数据有准确度要求的计量器具。

4.6.2.2　公司内部核算的能源、物资管理用的计量器具。

4.6.2.3　固定安装在连续运转装置或生产线上，计量数据准确度要求较高但平时不允许拆装的计量器具。

4.6.2.4　使用频率低、性能稳定的计量器具。

4.6.2.5　作专用的通用计量器具。

4.6.3　C类计量器具包括：

4.6.3.1　对计量数据无严格要求的指示用的计量器具。

4.6.3.2　固定安装、与设备配套不可拆卸的计量器具。

4.6.3.3　国家计量行政部门有明确规定，允许一次性使用或实行有效期管理的计量器具。

4.6.3.4　对计量数据无严格准确度要求的、性能不易变化的低值易耗仪器仪表。

4.7　分类计量器具的管理

4.7.1　A类是国家强制检定的计量器具和公司内最高标器，由国家计量部门校准。

4.7.2　B类计量器具的管理

4.7.2.1　应在检定规程或内控校准方法规定的检定（校准）周期内结计量器具进行检定（校准）。有条件采用比对校比的，可使用比对法自行校验，但比对标准必须为上级计量部门已检定的计量器具。本公司无法进行检定的计量器具按周期送上级计量部门校验。

4.7.2.2　通用计量器具使用时，可按其实际使用需要知当减少检定项目，但须在检定证书上做出说明并在计量器具上标上醒目的限用标志。

4.7.2.3　计量器具的校准和检验必须制定操作规程、合格的贴合格标志，出合格报告；不合格的作报废处理。

4.7.3　C类是一次性检定后可连续使用直至报废的主量器具，可自行校准。

4.8　计量器具检定按周检率和周检合格率来考核

周检率＝实际检定数／周期内应受检数×100%

周检合格率＝一次检定合格数／周期内应受检数×100%

均应达到95%以上。

4.9　质检用分析仪器、成品、关键工艺控制点用计量器具周检率和周检合格率应达到100%。

4.10　计量度器具必须按照说明书规定，确保计量器具清洁和完整，经常涂防护油防止生锈，对于电气要检查接地情况，玻璃仪器要轻拿轻放，碎裂的即要报废，任何计量器具都要在规定的条件下存放和使用。

4.11　任何单位和个人无权擅自挪动和调整计量器具，计量器具严格规定进行定置管理，保证计量器具的精密性。

4.12　对于高精度的计量器具应有专人保管使用。

4.13　计量器具由专人管理。

4.14　对计量器具的检定、修理、说明书等原始记录必须归档保存。

4.15　计量器具的报废和更新必须由管理部门签字批准，并在设备档案中注明事由、时间、经手人等。

4.16　计量器具编码管理办法

4.16.1　公司所有的计量器具都应有统一编码，并且只有一个编码。

4.16.2　计量器具编码编制标准：两字母加上两个代表所在部门的数字再加三个数字组成。

4.16.3　每种计量器具都有两个汉字拼音大写字母代表。

器具名称	字母
压力表	YL
压差计	YZ
安全阀	AQ
真空表	ZK
电流表	DL
电压表	DY
温度表	WD
温度计	
温湿度表（计）	WS
流量计/流量表	LL
长度器具	CD
玻璃器皿	BL

4.16.4　英文字母后面的两个数字代表计量器具所在的厂房编号。

部门名称	器具编号
设备工程部	00
大容量注射剂车间	01
小量注射剂车间	02
呋喃西林车间	03
凝胶车间	04
质量部	05
仓库	06
其他	07

4.16.5　最后三位数字代表该计量器具的数字序号。

4.16.6　举例：大容量注射剂车间压力表编号为：YL01001。

四、洁净空调系统管理制度

1　目的

为了规范空调净化系统的操作管理和安全管理，制定本文件以全面指导空调系统管理，使空调系统能按要求始终保持在正常的运行状态。

2 范围

本规程适用于空调净化系统管理。

3 责任

3.1 工程设备部主管负责对管理规程的制定，并对管理规程的可操作性负责。

3.2 工程设备部负责人负责管理规程的最终审核、批准。

3.3 空调操作人员负责管理规程的实施，质检员对执行过程负责监督检查。

4 内容

4.1 空调机组全天24小时运行。未经批准不得停运。

4.1.1 正常运行时风机变频器频率：大容量注射剂车间C级频率：40Hz，大容量注射剂车间D级频率：50Hz；小容量注射剂车间频率：50Hz；中心化验室频率：50Hz。

4.1.2 夜间低频运行时风机变频器频率大容量注射剂车间C级频率：25Hz、大容量注射剂车间D级频率：25Hz；小容量注射剂车间频率：25Hz；中心化验室频率：25Hz。

4.2 空调操作人员负责空调系统的启停、温湿度调节、日常维护保养、预防性维护及按规定对洁净区空气、空调系统进行消毒灭菌并做好记录。

4.3 空调操作人员应将洁净区温控度控制在18～26℃、湿度控制在45%～65%。

4.4 空调操作人员对空调机组送风温湿度，回风温湿度，初、中效压差及风机变频器频率进行监控，监控频率为每2小时1次并做好记录。

4.5 空调机组的操作维护、保养严格按照《空调机组标准操作规程》执行。

4.6 洁净区消毒方式为甲醛消毒和臭氧消毒两种方式。

4.6.1 甲醛熏蒸消毒：消毒频率为每6个月1次。采取甲醛消毒，其中甲醛用量10ml/m³。甲醛消毒方法按照《甲醛熏蒸标准操作规程》执行。甲醛熏蒸消毒结束后甲醛残留浓度应小于0.08ppm。

4.6.2 臭氧消毒：消毒频率为每周一次；每次空调停运再次启动时。臭氧消毒浓度大于15ppm，臭氧消毒方法参照《臭氧消毒标准操作规程》执行。

4.7 本系统使用的初、中效过滤器为无纺布产品。

4.7.1 过滤器为可清洗滤布。更换后的初、中效过滤器应按照《初、中效过滤器清洗标准操作规程》清洗。

4.7.2 过滤器的更换频率

4.7.2.1 当过滤器两端压差值为初始压差值的两倍时，须更换过滤器。

4.7.2.2 初、中效过滤器破损应立即更换并做报废处理。

4.7.3 初、中效过滤器安装后应记录初阻力，并在《初中效过滤器压力指示状态标识》中记载警戒限、纠偏限（警戒限为初阻力的1.6～1.7倍，纠偏限为初阻力的2倍），当初、中效过滤器阻力达到警戒限时应准备新的过滤器，根据生产情况，在停产时进行更换；但阻力到达纠偏限时应立即通知车间，进行更换。

4.8 异常情况

4.8.1 如空调操作人员在监控中发现异常，应立即报告上级。如质量部门在检测中发现异常，应立即反馈设备工程部，由设备工程部根据异常状况及时处理。

4.8.2 空调系统出现异常应立即通知生产车间，并按《偏差处理管理规程》上报，按批准的决定进行处理。

4.9 夏季开启冷水机组按《冷水机组标准操作规程》操作，开启空调机组冷冻水阀门，进行降温，使洁净室温度在生产工艺要求范围内。

4.10 定期对空调系统进行清洁。

第六节　卫生管理

一、个人卫生管理制度

1　目的
规范生产操作人员的卫生行为。

2　适用范围
适用于本公司各车间所有在生产区工作的员工。

3　职责
车间主任及管理人员、一般生产区及洁净区工作的全体员工、质量部经理及QA人员对本制度的实施负责。

4　内容

4.1　一般生产区

4.1.1　全体员工身体健康，持体检合格证上岗。

4.1.2　在工作期间，每年必须体检一次，持有周期体检合格证方可继续留在本岗位工作。

4.1.3　在工作中如感到身体不适，应主动报告车间主任，及时去医疗部门检查。一旦发现患有传染病、隐性传染病、皮肤病及精神病要及时上报主管领导，调离工作岗位，不得继续从事产品生产。

4.1.4　因病离岗的工作人员，在身体疾病痊愈后，需持医生开具的健康合格证明方可重新上岗。

4.1.5　每个职工的上岗证上需将体检合格情况注明，并与健康档案一致。

4.1.6　每日上岗前应在更衣室穿戴好清洁、完好、符合区域工装要求的工衣、工鞋、工帽。

4.1.7　随时注意保持个人清洁卫生，做到"四勤"：勤剪指甲、勤理发剃须、勤换衣、勤洗澡。

4.1.8　上岗时不得化妆，佩戴饰物。

4.1.9　离开工作场地时（包括吃饭、上厕所），必须脱掉工衣、工鞋、工帽等。

4.2　D级洁净区

4.2.1　全体员工身体健康，持体检合格证上岗。

4.2.2　在工作期间，每年必须体检一次，持周期体检合格证方可继续留在本岗位工作。

4.2.3　在工作中如有身体不适或外伤要主动报告车间主任，及时到医疗部门检查治疗，一旦发现有传染病、隐性传染病、精神病、外伤伤口、皮肤病及过敏等要及时上报主管领导，调离工作岗位，绝不能继续从事直接接触产品的工作或与之相关的工作。

4.2.4　因病离岗的工作人员在疾病痊愈后，要持有医生开具的健康合格证方可重新上岗。

4.2.5　职工上岗证健康一栏需有定期健康合格记载方为有效，并应与健康档案一致。

4.2.6　随时注意个人清洁卫生，勤洗澡，勤理发剃须，勤剪指甲，勤换衣。

4.2.7　不允许化妆，涂含有粉质的护肤品，不允许戴饰物、手表。

4.2.8　进出洁净区严格执行人员净化程序

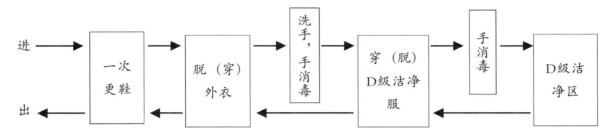

4.2.9　每日上岗前应在更衣室穿戴好清洁、完好、符合区域工装要求的工衣、工鞋、工帽、口罩、手套。

4.2.10　随时注意保证手的清洁，注意消毒，洗手后用烘干机烘干，手清洁后不再做与工作无关的动作，不再接触与工作无关的物品。

4.3　C级及A级洁净区

4.3.1　全体员工身体健康，持体检合格证上岗。

4.3.2　在工作期间，每年必须体检一次，持周期体检合格证方可继续留在本岗位工作。

4.3.3　在工作中如有身体不适或外伤要主动报告车间主任，及时到医疗部门检查治疗，一旦发现有传染病、隐性传染病、精神病、外伤伤口、皮肤病及过敏皮肤瘙痒等要及时上报主管领导，调离工作岗位，绝不能继续从事直接接触产品的工作或与之相关的工作。

4.3.4　因病离岗的工作人员在疾病痊愈后，要持有医生开具的健康合格证方可重新上岗。

4.3.5　职工上岗证健康一栏需有定期健康合格记载方为有效，并应与健康档案一致。

4.3.6　随时注意个人清洁卫生，勤洗澡，勤理发剃须，勤剪指甲，勤换衣。

4.3.7　不允许化妆，涂含有粉质的护肤品，不允许戴饰物、手表。

4.3.8　进出本区严格执行人员净化程序

4.3.8.1　一车间进入C级洁净区人员净化程序

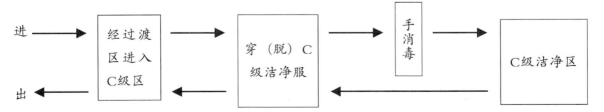

4.3.8.2　二车间进入C级洁净区人员净化程序

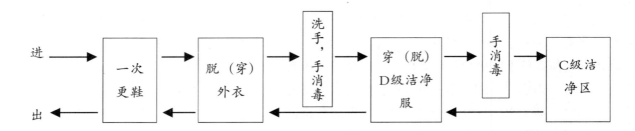

4.3.9 每日上岗前应在更衣室穿戴好清洁、完好、符合区域工装要求的工衣、工鞋、工帽、手套、口罩。

4.3.10 随时注意保证手的清洁，注意消毒，洗手后用烘干机烘干，手清洁后不再做与工作无关的动作，不再接触与工作无关的物品。

4.4 员工应主动报告身体不适

员工在工作中如有身体不适（感冒发烧、皮肤过敏瘙痒、外露的皮肤有创伤）要主动报告车间主任，并填写身体不适报告单。

二、工艺卫生管理制度

1 目的

建立生产区的工艺卫生管理标准，以规范生产过程中所用物料，生产过程、设备及过滤系统的卫生管理。

2 适用范围

适用于一般生产区、洁净区生产过程中所用物料、生产流程及设备的卫生管理。

3 职责

车间主任及车间管理人员、操作人员（含辅助工、设备维修人员）、质量部经理及QA人员对本制度的实施负责。

4 内容

4.1 一般生产区

4.1.1 物料的卫生

4.1.1.1 原辅料、包装材料的外包装要求完好，无受潮、混杂、变质、发霉、虫蛀、鼠咬等，各种记录齐全，符合厂订标准，有检验合格证，方可进入车间。

4.1.1.2 物料存放在规定区域，按照品种、规格码放整齐，有状态标记。

4.1.1.3 原辅料包装材料，应在物净间脱去外包装（如不能脱去的外包装需擦洗干净），保证清洁、无尘，码放在操作人员使用的规定位置，不能随意堆放。

4.1.1.4 工作结束后，应将多余物料整理、包装好（原辅料封口），要及时结料、退料。工作区域不允许存放多余的物料，避免交叉污染。

4.1.2 生产过程的卫生

4.1.2.1 产品生产车间、岗位应根据品种及生产要求建立相应的清洁规程。主要内容包括：清洁实施的条件、清洁所用的设备、清洁设备的清洗、清洁设备的存放、允许使用的清洁剂及配制方法、使用浓度、清洁的频率、清洁方法、清洁效果的评价及清洁用水等内容，以保证产品生产过程卫生状态良好。

4.1.2.2　不得存放与产品生产无关的物料或杂物。

4.1.2.3　清洁用具及清洁剂、消毒剂应分别放在清洁间,以避免产品生产过程造成污染。

4.1.2.4　生产中使用的各种生产用具、容器应清洁,表面不得有异物、遗留物。潮湿、高温地区(或区域)应注意防止发霉及微生物污染,不得有霉斑、菌团。容器具在用后应立即按清洁规程清洗干净,不得有清洁剂、消毒剂的残留物,以防造成产品的污染。

4.1.2.5　生产工作间或流水线,设备、机械及容器均应有状态标记。

4.1.2.6　更换品种或批次时要严格执行清场制度。

4.1.3　设备卫生

4.1.3.1　机器、设备、管道应按照规定的设备操作、维护、保养规程定期检查、维修、清洗、保养。

4.1.3.2　产尘而又暴露的加工设备应加以封闭或遮盖,并且有捕尘装置。

4.1.3.3　设备主体要清洁、整齐、无跑、冒、滴、漏,做到轴见光,沟见底,设备见本色。设备周围要做到无油垢、无污水、无油污及杂物。

4.1.3.4　设备表面与加工的物料接触后不得发生反应,不得向加工物释放出物质或吸附加工物,不得结垢,必要时加以验证。

4.1.3.5　设备使用的润滑剂或冷却剂尽可能采用食用级的,并且不得与产品原料、容器、中间产品或产品本身接触,应将所有需要润滑的部位尽可能与设备和产品接触的开口处或接触表面分隔开,防止对产品产生污染。

4.1.3.6　设备尽可能安装为可移动式,便于将设备移动到清洁间进行保养。不能移动的设备要在安装时充分考虑到利于就地清洁保养。

4.1.3.7　设备及管道的保温层要求全部包扎平整、光洁,不得有颗粒物质脱落,并能承受冲洗清洁、消毒而不渗漏。

4.1.3.8　要求所有的主管道要根据国家"管道涂色规定"的要求对管道进行油漆涂色,表明输送的介质内容和流向。

4.1.3.9　不用的工具不得存放在工房内,应存放在指定的工具柜内,整齐码放,专人保管。

4.1.3.10　工房内的风扇、格栅、气道必须定期清洁,保持洁净,不得有污物和浮尘。

4.1.3.11　管道安装要充分考虑到清洁、消毒的方便,不得有盲端、死角。管道要留有消毒、清洁口,并且有一定的坡度以保证排空。须选用卡箍式快装管道,要求材质光滑,无粒子脱落,不与介质发生反应。

4.2　洁净区

4.2.1　洁净区除应达到一般生产区工艺卫生的全部要求外,还必须进一步在净化方面达到以下要求:

4.2.2　禁止携入洁净区的物品:

4.2.2.1　未按规定进行净化的物料、容器、工具、仪器等。

4.2.2.2　未确定为低发尘性的记录、笔记用纸。

4.2.2.3　记录用的铅笔、蘸水笔、水笔等。

4.2.2.4　未经允许的放射性物质。

4.2.2.5　生产人员的香烟、火柴、打火机、手表、首饰、化妆品、手纸、手帕、钱包、钥匙、笔记本、食品等。

4.2.3　物料卫生

4.2.3.1　进入洁净区的原辅材料、内包装材料、容器及工具均需在物净间对外表面进行处理：脱去污染的外包装，采取有效的消毒措施后通过传递窗或气闸进入洁净区。程序如下：

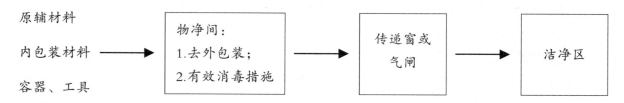

原辅材料

内包装材料

容器、工具

物净间：
1.去外包装；
2.有效消毒措施

传递窗或气闸

洁净区

4.2.3.2　运入洁净区的物料应经净化程序进出，并且严格记录运入的时间、品名、数量、运入人，洁净区内不能存放多余的物料及与生产无关的物料。

4.2.3.3　洁净区内的原辅料、包装材料、容器、工具必须放在不影响或者少影响气流的规定位置。

4.2.4　生产过程卫生

4.2.4.1　洁净区的清洁一般必须在工艺操作结束后进行，如有必要，应在生产前再次进行清洁，生产必须在净化空调系统开机运行到自净时间以后方可开始进行。

4.2.4.2　对于进出洁净室人员要求严格控制和监督，非洁净区人员不得入内。严格控制洁净区的人数，对进出洁净区的人员要及时进行登记。

4.2.4.3　不允许未穿洁净服或剧烈活动后的人员进入洁净区，洁净室内工作人员工作过程中动作要稳、轻、少，尽量减少不必要的活动和谈话。以免造成过多的积尘、产尘及空气污染。

4.2.4.4　更换品种（或每日工作结束后）必须将顶棚、地面、地板（或窗户）、台面、工具擦拭干净，采取消毒措施。接触药物的容器、器具洗涤干净后使用。

4.2.5　设备卫生

4.2.5.1　洁净区使用的设备、容器、管路在进行清洁以后，还必须用注射用水冲洗干净，并采取有效的消毒措施方可使用。设备用75%乙醇消毒，工器具清洗后，灭菌干燥存放。

4.2.5.2　气闸或传递窗是洁净区与一般生产区或不同洁净级别洁净区之间的隔断设备，用来防止非洁净空气的污染。因此，气闸或传递窗二门应联锁，不能同时打开。

4.2.5.3　局部净化设施要求按规定的标准操作规程进行保养、清洁、更换，测定终阻力，每次必须在工艺操作前10分钟启动。

4.2.5.4　洁净区设备清扫工具可采用真空清扫设备，洁净区的真空清扫设备必须有高效空气过滤器，使用时应定期检查真空吸尘泵的真空度是否达到规定的洁净级别，还需要定期清理真空吸尘泵的管道系统和集尘器。

4.2.5.5　如不具备真空清扫设备，则必须用不掉纤维的材料进行清扫。

4.2.6　过滤系统卫生

4.2.6.1　配液与灌装用的0.22um滤芯每天生产前、生产后均进行完整性测试（泡点测试），填写《滤芯完整性测试记录》。

4.2.6.2 换品种生产时要更换滤芯，原生产品种的滤芯进行完整性测试、清洗及脉动真空灭菌后干燥，并用无菌袋密封存放。经过高温灭菌的滤芯规定使用次数为20次（灭菌次数），达到使用次数的做报废处理。更换滤芯要及时填写《滤芯更换记录》。

4.2.6.3 不经过高温灭菌的滤芯使用效期为一年，水系统和压缩空气系统用的滤芯每半年做一次完整性测试，达到使用效期的滤芯做报废处理。更换滤芯要及时填写《滤芯更换记录》。

4.2.6.4 新滤芯使用前要用2%氢氧化钠溶液浸泡1小时，然后冲洗干净并做完整性测试，合格后安装、在线灭菌方可使用，不合格的及时更换。更换滤芯要及时填写《滤芯更换记录》。

第七节 销售管理

销售管理制度

1 目的

制定药品销售工作各个环节的具体操作方法与管理要求，确保销售工作有序进行。

2 适用范围

适用于药品销售工作全过程的管理。

3 职责

销售业务员负责客户考察及提出需求计划，销售部经理负责需求计划审批，经营副总经理负责新增客户的审核，总经理负责新增客户批准、价格调整审批，开票员负责按库存开单发货。

4 内容

4.1 新增客户的审批

业务人员对新增客户的经营资格（许可证、营业执照）、经营性质（国有、集体、私营股份制等）、经济实力、管理水平、资金运行、销售渠道等资信方面进行综合考察，考察后呈报书面申请报告，报经营副总经理审核、总经理批准后方可建立业务关系。未经批准私自开立新客户，形成呆账、死账或将产品流入非法经营者、给企业造成损失和不良影响者，责任自负。

4.2 销售合同的鉴定

按《合同法》执行。

4.3 销售供货

4.3.1 各销售员提出需求计划，报销售经理综合平衡后，交开票员开"随货同行单"。

4.3.2 销售开票员应掌握成品审核放行的入库情况（品种、规格、数量、批号等），未经QA人员审核放行的产品不得列入"随货同行单"发货，配货时执行"先进先出"的原则。为增加货源调配计划性，严禁开票员超库开"随货同行单"。

4.3.3 发货经办人应在"随货同行单"上签字，业务人员电话要货的情况开票员必须在

"随货同行单"上注明，并且事后办理补签手续。

4.3.4 对于商业单位电话要货由内勤人员和销售员联系供货，在联系不上的情况下，经销售经理许可后，办理供货手续，并通知各区销售人员。

4.4 票据及账务管理

4.4.1 开具"随货同行单"注明发货后，"随货同行单"存根由开票员按月度保管备查。

4.4.2 业务人员收回的汇票及时交财务部并做好交接记录。

4.4.3 业务人员严格执行公司下达的价格政策，严禁低价销售，原则上不冲价差，如出现价格调整首先由业务人员到商业单位落实市场同类产品价格及我公司产品库存数量、批号、金额，写出书面报告，总经理综合平衡视具体情况签署意见后调整价格。

4.5 客户档案管理

销售部每年对业务客户进行评价，及时由业务人员填报销售部客户管理档案表，建立科学的客户档案，从而对客户进行资信分类，使公司的销售网络处于最佳状态。

4.6 业务交接管理

4.6.1 业务人员在调离本岗位前，负责核实双方账务准确无误。

4.6.2 岗位变动前，自己负责清理完毕任职期间造成的不正常欠款，避免给企业造成经济损失。

4.6.3 新接人员在接管业务后，必须负责原业务单位的正常业务运行。

4.6.4 交接双方交接清楚并签字后，经销售经理签字后方可离岗、换岗。

第八节　物料管理

一、物料、成品贮存条件管理制度

1　目的

明确物料、成品的贮存条件，确保物料、成品贮存时的可靠性与质量稳定性。

2　适用范围

适用于本公司仓库各类物料（原辅料、包装材料）及成品的贮存条件的设定。

3　职责

仓库管理员负责本规定的实施，质量部、生产物料部负责监督检查。

4　内容

4.1 仓库内设立物资平面布置图，划分库区按货位保管，各库区可根据待验和检查情况设定三种标志牌（绿色合格、黄色待验、红色不合格），以示物料及成品所处的状态，并挂上货位卡。

4.2 物料、成品的贮存应根据不同物料、成品的性质分别设置贮存条件：

易燃、易爆、毒性大、腐蚀性强的危险品应放置在危险品库，原辅料、包装材料、成品应分别贮存。本公司仓库设有常温库和阴凉库，其中原辅料库设除湿设施。

4.3　原辅料和成品仓储区应保持干净、整洁，通风良好，内设温、湿度表并于每天8：30～9：00、15：00～15：30记录各库区温湿度，超过规定范围要及时调整。如公司遇到节假日放长假情况，可由仓库值班人员进行检查、记录。

4.3.1　仓库温度、湿度规定如下：

仓库名称	温度	湿度
活性炭库	10～30℃	45%～75%
原料库	10～30℃	45%～75%
阴凉库	20℃以下	75%以下
常温库	10～30℃	45%～75%

4.4　仓储区做到防火、防潮、防晒、防鼠虫、防变质等条件，库房设有消防措施。

4.5　标签、说明书、小盒等材料应放置在指定区域，专库存放。

4.6　为保证合理贮存、使用物料，应执行物料先进先出的原则。

4.7　货物的堆放应采取措施（垫板）使物料、成品离墙、离地、货行间保持一定的距离。

4.8　货垛之间的距离具体要求：

4.8.1　垛与垛的间距不少于15cm。

4.8.2　垛与梁之间不少于30cm。

4.8.3　垛与墙的间距不少于30cm。

4.8.4　垛与柱的间距不少于20cm。

4.8.5　垛与地面的间距不少于10cm。

4.8.6　码垛的高度：成品不大于300cm；包装材料不大于300cm。

4.8.7　库房内主要通道宽度不少于100cm。

4.8.8　照明灯具垂直下方不宜堆放过高货垛，其下方与货垛的水平间距不少于50cm。

4.9　不合格品要隔离专库存放并有红色不合格品标志。

二、原辅料验收、贮存管理制度

1　目的
规范原辅料的验收、贮存管理。

2　适用范围
本规定适用于本公司原辅料仓库的管理工作。

3　职责
仓库管理员负责实施执行，质量部、生产物料部负责监督检查。

4　内容

4.1　初验

4.1.1　原辅料入库应由仓库管理员按货物凭证核对后，检查外包装是否受潮、破损，标签是否完好，与货物是否一致等，凡不符合要求的应予以拒收。

4.1.2　货物需进行称量核对重量是否正确，如有短缺应及时与供应部门联系。

4.1.3　原辅料在验收、称量的同时，应填写"物料验收记录"和"原辅料称量入库记录"。

4.2　定置、请验

初验符合要求的原辅料，搬进规定库区存放，设黄色待验牌，并及时填写原辅材料请验单，交质量部抽样检验。

4.3　取样、检验

4.3.1　质量部接到原辅料请验单后，派人取样，取样时仓库管理员协助，取样应在取样间进行，取样后重新封存好，贴上取样证，并填写原辅料取样记录。

4.3.2　根据检验结果，质量部向仓库送交检验结果报告单，并发放一定数量的合格证（绿色）或不合格证（红色），所发合格证或不合格证的数量，按"4.4.1项"和"4.4.2项"规定操作。

4.4　贮存管理

4.4.1　仓库管理员根据检验结果重新设定物料状态，合格物料取下黄色待验牌，并在原待验原料包装上贴上绿色的合格证（所贴合格证数量根据以下情况而定：当该批次的原辅料总件数n≤20时，应逐件贴上合格证；当该批次的原辅料总件数n＞20时，可不用逐件贴上合格证，但发货出库时要逐件贴上合格证），并设立货位卡。

4.4.2　对于不合格的原辅料，及时移入不合格品库区，贴上红色不合格证（所贴不合格证数量根据以下情况而定：当该批次的原辅料总件数n≤20时，应逐件贴上不合格证；当该批次的原辅料总件数n＞20时，可不用逐件贴上不合格证，但要用围栏围起，四面挂上不合格证），并做好台账，由生产物料部退回供货单位。

4.4.3　做好仓库的每日清洁卫生工作。

第九节　验证管理

验证管理制度

1　目的

1.1　建立验证管理规程，使我公司验证工作有组织、有计划、有步骤地实施，确保与产品生产相关的任何程序、生产过程、设备、物料、活动或系统确实能达到预期结果，最终保证产品质量与安全。

1.2　通过验证确立控制生产过程的运行标准；通过对已验证状态进行监控，控制整个工艺过程，确保产品质量，并不断通过验证、建标、监控、再验证、再建标的循环动态控制对验证实施管理。

1.3　通过验证管理，增加公司对GMP的责任，提高产品质量与安全的保证措施。

2 适用范围

本规程适用于我公司验证管理，包括：验证组织机构的建立、验证的范围、验证的分类及适用条件、验证可接受标准、验证编码办法、验证的实施程序、验证文档的管理、变更及重新验证。

3 验证的组织架构及职责

3.1 验证组织机构

3.1.1 验证组织机构图

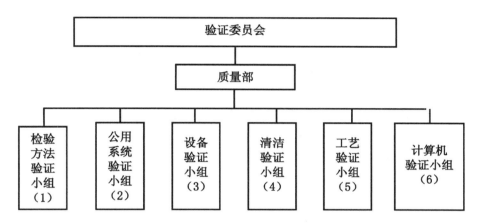

3.1.2 为了确保验证有组织、有计划、有步骤地开展，公司成立验证委员会和验证小组，并明确各自的职责。

3.1.3 验证委员会的成员主要由公司副总、生产部、质量部、物料管理部、工程设备部、生产车间负责人组成。设主任一名，并设专职验证职能机构——质量保证室负责日常验证组织管理工作。

3.1.4 根据待验证项目分类，验证委员会下设6个验证小组，分别对检验方法、系统、设备、清洁方法、工艺、计算机进行验证。

3.1.5 各个验证小组设组长一名，分别由待验证的对象主管职能部门负责人担任为原则，也可由验证对象使用车间负责人或技术人员担任，其余来自验证相关部门人员（如设备、质量、检验、生产、物料等部门）组成一个验证小组。

3.1.6 每一个验证小组必须有质量管理部门人员参与，并参与和监督验证的全过程。

3.2 职责

3.2.1 验证委员会

3.2.1.1 验证委员会：负责验证的总体策划与协调，验证文件审核，并为验证提供足够的资源。

3.2.1.2 验证委员会主任：负责验证计划、验证方案的批准、验证小结和/或报告批准、验证合格证书批准。

3.2.1.3 验证委员会成员：执行验证总体规划和阶段性验证计划，组织各项验证工作的实施，协调验证过程，并参与起草、审核、评估和批准特定部门的验证文件，对有关验证小组成员进行验证知识培训。

3.2.2　质量保证室

3.2.2.1　验证管理及操作规程的制订及修订；

3.2.2.2　验证总计划、年度验证计划编制，或不可预期的验证项目立项提出或审核；

3.2.2.3　按年度验证计划时间要求，组织及协调日常验证活动的具体实施；

3.2.2.4　指导验证方案的起草，参与验证文件的审核，监督验证的具体实施；

3.2.2.5　组织各具体项目验证涉及的小组成员验证培训；

3.2.2.6　各阶段验证小结、验证报告的编制、审核；

3.2.2.7　变更计划的审核及偏差组织调查；

3.2.2.8　参加公司新建和改建项目的验证以及新产品生产工艺的验证；

3.2.2.9　验证的文档管理工作。

3.2.3　其他部门

3.2.3.1　产品开发部：负责起草新产品、新工艺的验证方案，并指导生产部完成首批产品的验证。

3.2.3.2　设备工程部：负责设备及公用工程系统的验证方案起草，并负责预确认、安装确认和运行确认。

3.2.3.3　生产部：负责相关验证的实施；负责起草产品工艺验证方案。

3.2.3.4　质量部中心化验室：负责验证中的样品检验，并负责检验仪器和检验方法的方案起草、验证实施。

3.2.4　验证小组

3.2.4.1　验证小组：负责承担具体验证项目的实施工作，包括验证立项提出、验证方案的起草、验证的实施、验证报告起草等工作；

3.2.4.2　验证小组组长：根据验证计划安排，组织验证小组人员起草验证方案并按方案要求实施验证，各阶段验证结果汇总及评价，起草阶段验证小结、验证报告，对整个项目验证负责。

3.2.4.3　验证小组成员：在验证小组的领导下，负责按各自的职责范围内完成验证方案的起草、会审，验证具体的实施，对验证的结果进行记录，对实施验证的结果负责。

4　内容

4.1　验证范围：公司的产品生产验证范围分为六大类，分别为：

4.1.1　仪器校准与检验方法验证；

4.1.2　厂房设施及公用系统验证；

4.1.3　设备验证；

4.1.4　清洁验证；

4.1.5　工艺验证；

4.1.6　与GMP有关的计算机系统。

4.2　定义

4.2.1　验证：证明任何操作规程（或方法）、生产工艺或系统能够达到预期结果的一系列活动。

4.2.2　确认：证明厂房、设施、设备能正确运行并可达到预期结果的一系列活动。

4.2.3　验证总计划：也称项目验证规划，它是项目工程整个验证规划的概述。验证总计划一般包括项目概述，验证的范围，所遵循的法规标准，被验证的厂房设施、系统、生产工艺，验证的组织机构，验证合格的标准，验证文件管理要求，验证大体进度计划。

4.2.4　校准：在规定条件下，确定测量、记录、控制仪器或系统的示值（尤指称量）或实物量具所代表的量值，与对应的参照标准量值之间关系的一系列活动。

4.2.5　验证报告（VR）：对验证方案及已完成验证试验的结果、漏项及发生的偏差等进行回顾、审核并做出评估的文件。

4.3　验证的分类及适用条件

4.3.1　按照产品和工艺的要求以及设备变更、工艺修订等均需通过验证的规定，把验证类型分为四种，分别是前验证、同步验证、回顾性验证、再验证。每类验证又有其特定的适用条件，在开展验证工作时，应严格按照验证的分类及其适用条件进行。

4.3.2　前验证

4.3.2.1　前验证定义：是系指一项工艺、过程、系统、设备或材料等在正式投入使用前进行的，按照预定验证方案进行的验证。

4.3.2.2　前验证是考察并确认工艺或过程的重现性和可靠性，不是优选工艺条件和优选处方，必须要求进行前验证时，有比较充分和完整的产品和工艺的开发资料。

4.3.2.3　适用条件

一般适用于产品要求高，但没有历史资料或缺乏历史资料，单靠生产控制及成品检查不足以确保重现性及产品质量的生产工艺或过程。例如，大容量注射剂产品、小容量注射剂产品的灭菌必须进行前验证，因为药品的无菌不能只靠最终成品的无菌检查结果来判断，必须以物理实验及生物指示剂实验来证实工艺或过程的可靠性和稳定性。

引入新产品、新设备以及新的生产工艺时应用前验证的方式。前验证的成功是实现新工艺从研究阶段向生产阶段转移的必要条件，是一个新产品、一项新工艺研究开发的终点，也是交付常规生产的起点。

4.3.3　同步验证

4.3.3.1　同步验证定义：是指生产中在某项工艺运行的同时进行的验证，即从工艺实际运行过程中获得的数据作为验证文件的依据，以证明某项工艺达到预定要求的一系列活动。

4.3.3.2　同步验证实际上是特殊监控条件下的试生产，于此既可获得合格产品又可得到验证结果，即"工艺的重现性及可靠性"的证据，从而证实工艺条件的控制达到预计要求。但由于这种验证方式在一定程度上存在产品质量的风险，因而应结合实际产品和工艺的特点慎重选用。

4.3.3.3　适用条件

——已设计了完善的取样计划，对生产工艺条件能充分地监控。

——检验方法已经过验证，方法的灵敏度及选择性比较好。

——对所验证的产品或工艺过程已有比较成熟的经验与把握。

——由于同步验证对产品质量风险很大，只适用于非无菌产品的验证。

4.3.4　回顾性验证

4.3.4.1　回顾性验证定义：是指以历史数据的统计分析为基础的旨在证实正式生产工艺条件适用性的验证。

4.3.4.2 当某一生产工艺有较长的生产稳定历史，通过监控已积累了充分的历史数据时，可采用回顾性验证的方式，通过对丰富的历史数据的回顾分析找出工艺控制受控、达到设定标准的文件依据。

4.3.4.3 同步验证，回顾性验证一般用于非无菌产品生产工艺的验证，二者通常可结合使用。以同步验证为起点，运行一段时间然后转入回顾性验证阶段，经过一定时间的正常生产后，将按验证方案所收集的各种数据进行统计分析以判断生产工艺的可靠性和稳定性。

4.3.4.4 适用条件：

——批次越多，所收集的数据越多，越有助于验证结果的可靠性，原则上应当包括回顾周期内全部连续批号的数据，如回顾周期内批次数较多，应当至少有50个连续批号的数据，其中应当包括存在偏差情况等异常情况的批次。

——检验方法应经过验证，检验结果应当定量化以供统计分析；

——批记录应符合GMP的要求，记录中有明确的工艺条件；

——工艺条件及工艺变量已经明确，并始终处于控制状态；

——已确立了合适的中间控制和认可标准；

——从来没有因为除人的操作失误或设备故障这些与设备适应性无关的因素之外的原因而造成值得注意的工艺/产品的不合格；

——现有原料药的杂质概况已确定。

4.3.5 再验证

4.3.5.1 再验证定义：系指一项工艺、过程、系统、设备或材料等经过验证并在使用一个阶段以后进行的，旨在证实已验证状态没有发生漂移而进行的验证。

4.3.5.2 根据再验证原因，可以分为三类：药品监管部门或法规要求的强制性再验证、发生变更时的"改变"性再验证、每隔一段时间进行的"定期"再验证。

4.3.5.3 适用条件：

4.3.5.3.1 药品监管部门或法规要求的强制性再验证，至少包括以下几种情况：

（1）无菌操作的培养基灌装试验。

（2）计量器具强制检定，包括：用于参数监测、定量操作、安全防护、环境监测等方面。

（3）压力容器的检定，如锅炉。

4.3.5.3.2 发生变更时的"改变"性再验证。实际运行当中，需要对设备、系统、材料及管理或操作规程作某种变更，有时很小的改变就有可能对产品质量造成相当重要的影响，因此需要进行再验证。这些改变包括：

（1）原料、辅料、包装材料质量标准的改变或供应商工艺发生变更；

（2）工艺方法参数的改变或工艺路线的改变；

（3）设备的改变；

（4）生产处方的修改或批量数量级的改变；

（5）常规检测表明系统存在着影响质量的变迁迹象。

4.3.5.3.3 每隔一段时间进行的"定期"再验证。由于有些关键设备和关键工艺对产品的质量和安全性起着决定性的作用，因此，即使是在设备及规程没有变更的情况下也应定期进行再验证。如：

（1）无菌药品生产过程中使用的灭菌设备；

（2）洁净区的空调净化系统、纯化水系统、压缩空气系统；

（3）设备清洁方法。

4.4　验证可接受标准

4.4.1　总要求：验证合格标准的建立，必须具备三个基本条件：安全性、可验证性、现实性。

4.4.1.1　安全性：标准应能保证产品的质量。

4.4.1.2　可验证性：标准是否能够达到，即可以通过检验或者其他手段加以证实。

4.4.1.3　现实性：验证不能超越客观条件的限制，或造成沉重的经济负担，以致无法实施。

4.4.2　遵循原则

4.4.2.1　凡《药品生产质量管理规范》及《中国药典》有明确规定的，验证的合格标准不得低于法规及标准的要求。

4.4.2.2　国内尚无法定标准而世界卫生组织WHO已有明确要求或国际医药界已有公认的，可作本企业设定验证标准的参考依据。

4.4.2.3　从全面质量管理体系的观念出发，来设定验证方案及有关标准。

4.5　验证文件的编号系统

4.5.1　验证文件的组成：验证文件是验证活动的基础和依据，同时是验证实施的证据。它包括验证总计划、验证方案、各阶段验证小结、验证报告、验证证书及其他相关文档或资料。

4.5.2　文件编码要求

4.5.2.1　系统性：统一分类、编码，并指定专人负责编码，同时进行记录。

4.5.2.2　专一性：文件应与编码相对应，一旦某一文件终止使用，此文件编码即告作废，并不得再次启用。

4.5.2.3　可追踪性：根据文件编码系统规定，可任意调出文件，亦可随时查询文件变更历史。

4.5.2.4　稳定性：文件系统编码一旦确定。一般情况下不得随意变动，应保证系统的稳定性，以防止文件管理的混乱。

4.5.2.5　相关一致性：文件一旦经过修订，必须给新的编码，对其相关文件中出现的该文件编码同时进行修正。

4.5.3　制定机构

4.5.3.1　验证编号方法由验证领导小组统一制定，原则按以上编码要求执行，并确保验证编号具有可追溯性、专一性、可使用方便性。

4.5.3.2　验证编号给定，由专职验证职能部门——质量保证室，根据具体的编号方法给定，以使验证文件便于识别、控制及追踪，同时可避免使用或发放过时的文件。

4.5.4　编码方法：参见《验证文件编码管理制度》。

4.6　验证实施的程序

4.6.1　提出验证项目

4.6.1.1　首次验证前必须由质量保证室制订《验证总计划》，以确定待验证的对象（验证项目）、验证的范围及时间进度安排，并报验证领导小组审核批准；

4.6.1.2　首次项目验证结束后，以后进行再验证项目，质量部保证室应每年度元月份根据定期再验证要求，编制年度《验证总计划》，提交验证领导小组审核批准；

4.6.1.3　因不可预期计划的验证项目，如变更性的再验证项目，质量保证室应根据《变更控制管理制度》要求，编制《验证立项审批表》，确定验证范围，报验证委员会审核批准；

4.6.1.4　《验证总计划》或《验证立项审批表》批准后，质量保证室分发到相关验证小组组长，作为验证项目批准。

4.6.2　制定验证方案

4.6.2.1　验证小组组长接收到已批准《验证总计划》或《验证立项审批表》后，应召集本小组成员制定《验证方案》。验证方案起草应由主管本设备、工艺、检验的专业技术人员共同进行，QA室必须参与所有的《验证方案》起草中；

4.6.2.2　质量保证室应根据验证编号要求，给每一个验证项目给定验证文件编号，此编号在《验证总计划》或《验证立项审批表》上给定；

4.6.2.3　《验证方案》应能清楚描述出验证程序。在起草时，应通过查阅文献资料确定验证实施时需要的各种标准，确定检查及试验范围，确定验证实施步骤，确定验证所需的记录及表格等；

4.6.2.4　《验证方案》内容必须包括：

——概述：对所验证的系统、设备、工艺或方法等进行简要描述；

——验证目的：阐述所要达到的总体验证要求，如符合GMP要求，设备的材质、结构、功能、安装等应达到的各种标准；

——验证范围：该项目验证所涉及的范围；

——实施验证的人员及职责：验证的有关人员及职责；

——试验的项目：该项目验证所涉及的测试或确认项目；

——验证实施的步骤：应按正确的验证程序要求，确定验证实施的步骤、要求；

——合格标准：应列出标准来源，以便复核；

——检测方法：验证中涉及具体项目所需的测试方法，应列出方法来源，以便复核；

——验证记录：针对验证过程中涉及的测试、确认等所需的表格等；

——偏差表：在验证过程中不符合验证标准项目作为偏差，以进行分析和评价；

——阶段验证小结：验证项目分成若干个过程，在每个关键的过程作一小结；

——附件：项目验证所涉及其他类文件或文献、标准、方法等，作为验证引用依据。

4.6.3　审批验证方案

4.6.3.1　《验证方案》起草后，验证小组组长应将《验证方案》提交验证委员会审核批准。质量部质量保证室组织生产、质量等相关部门负责人进行评审。

——质量管理部门主要评审验证的方法、有关试验标准、验证实施过程及结果是否符合现行版GMP规范和企业内控标准要求。

——生产部门主要通过验证熟悉并掌握保持稳定生产方法，并提供验证所必需的资源、人员、材料、时间和服务。

——质量管理部门、生产部门、工程设备部门等人员审核《验证方案》后，应签字，以证实方案实行的可行性和准确性。

4.6.3.2　《验证方案》经质量、生产、设备等部门审核并通过后，交由验证委员会主任批准。因验证文件是重要的质量体系文件，它直接关系到验证活动的科学性、有效性以及将来产品质量水平。因此，《验证方案》必须得到最高管理机构的认可和批准。

4.6.3.3　《验证方案》因随单台设备、工艺以及验证方法的改进而随时修订或补充，修订后的验证方案同样要经过会签、批准等过程，才可成为可执行的验证方案。

4.6.3.4　《验证方案》经验证领导小组批准后，由QA室下达各相关验证小组组长，准备实施。

4.6.4　验证文件培训

4.6.4.1　各个具体项目验证文件的编写、审批通过后，在具体实施前，应由验证小组组长召集小组成员进行培训，以使他们能正确理解，并遵守执行。培训记录应当作为验证过程记录存档至该项目的验证档案中。

4.6.4.2　具体项目验证全部完成后，应进行专题培训。重新熟悉GMP法规对验证的要求，要做到验证文件的编写与管理的规范化、科学化。

4.6.5　验证组织实施

4.6.5.1　《验证方案》批准并培训后，验证小组应按方案中预定的时间要求组织实施。验证方法及步骤应按验证方案进行。实施验证通常采用分阶段验证的形式进行。如设备验证有安装确认、运行确认、性能确认等阶段。

4.6.5.2　实施各阶段验证过程中形成的记录应及时、清晰、完整，并有各实施人员签名。验证小组成员在实施验证过程中的记录应交验证小组组长汇总。

4.6.5.3　验证小组组长应根据各阶段验证的结果，做出评价，提交给验证委员会审核批准，方可进行下一阶段验证。

4.6.5.4　已批准的《验证方案》等在实施过程中，验证小组人员应按《文件标准管理规程》要求，不得随意更改。如发现存在缺陷或某些不符合，需要进行补充和修改的情况，由验证小组起草一个补充性验证方案，说明修改或补充验证的具体内容及理由，并提交验证领导小组审核批准，才能执行。

4.6.6　验证报告

4.6.6.1　某一设备、系统、工艺、方法验证结束后，验证小组应同时完成相应《验证报告》。

4.6.6.2　《验证报告》内容包括：

——简介：概述验证总结的内容及目的；

——系统概述：对所验证的系统进行简要描述，包括其组成、功能等情况说明；

——相关的验证文件：将验证相关的文件作索引，以便必要时进行追溯调查；

——人员及职责：说明参加验证的人员及各自的职责，特别是外部资源使用情况；

——验证合格标准：应列出标准来源，以便复核；

——验证实施情况：预计要进行的试验，实际实施完成情况；

——验证实施的结果：各种验证实施的结果，包括实施的验证记录，各阶段小结、评价与建议等；

——偏差及措施：阐述验证实施过程中所发现的偏差情况及所采取的措施；

——验证的结论：明确地说明被验证的项目是否通过验证并能否交付使用。

4.6.7　审批验证报告

4.6.7.1　《验证报告》必须由验证小组成员加以评论。在最终由验证领导小组组长批准以前，须按照《验证方案》及GMP要求进行审查。

4.6.7.2　验证小组各成员审核认同《验证报告》后，应提交验证领导小组审核批准。

4.6.8　发放验证合格证

《验证报告》批准后，由验证领导小组组长批准发放《验证证书》，批准已验证工艺、程序/方法、设备、系统及相应的软件从此可交付正常使用。

4.6.9　年度验证总结

4.6.9.1　在整个年度项目验证全部结束后，质量保证室应对年度项目验证情况进行总结，说明年度验证计划完成的情况，主要偏差、措施及综合评估意见。

4.6.9.2　《年度验证总结报告》内容一般包括：简介、年度验证计划实施情况、年度验证计划实施结果、主要偏差及处理措施、综合意见。

4.6.9.3　《年度验证总结报告》应提交验证领导小组审核和讨论，找出验证及管理中存在的缺陷和不足，影响验证的因素，为加强验证管理工作和计划下年度验证工作做出规划。

4.7　验证文件归档管理

4.7.1　质量保证室负责验证文件的文档管理，验证完成后，有关文件的复印件应交付设备的使用部门作为设备档案（历史文件）的重要组成部分。

4.7.2　某一项目验证结束后，验证材料必须由质量保证室指定专人负责归档、保存。验证材料必须包括验证计划、验证方案、阶段验证小结、验证报告、验证合格证书等。

4.7.3　验证文件保存应根据系统、设备、工艺、方法的废止而销毁，否则，应无限期保存。

4.8　变更与重新验证

4.8.1　项目验证符合要求后，该项目内容不得随意改动，以保证系统、设备、工艺/方法、程序、物料、活动等是在已验证的状态下运行。

4.8.2　如果需要对已验证状态进行变更，必须执行《变更控制管理制度》，进行全面评价，并确定是否需要重新验证。

4.8.3　由于变更所确定需重新验证，按以上验证实施程序执行。

第三章　药品生产质量管理记录

第一节　药品批生产记录

1611-01006

R·SC·01·024-01

制药有限公司

大容量注射剂批生产记录

品　　名：盐酸左氧氟沙星氯化钠注射液

规　　格：250ml:左氧氟沙星0.5g氯化钠2.25g

批　　号：C019-161116

生产日期：2016年 11 月 3 日

理论产量：10400 瓶

实际产量：9810 瓶

成品率：94.3%

工艺员：黄兰词

车间主任：李树鱼

生产物料部经理：朱礼利

受控
批生产记录

R · SC · 00 · 001-01

批生产指令

车间：一车间　　　　　　　　　　　　　　　　　　　　　　　　　　编号：1611016

品　名	盐酸左氧氟沙星氯化钠注射液				
规　格	250ml:左氧氟沙星 0.5g 与氯化钠 2.25g		批　号	C019-161116	
批生产量	10400 瓶		生产日期	2016 年 11 月 3 日	

原　辅　料　使　用						
物料名称	批　号	供　应　商	规　格	检验单号	单位	使用量
盐酸左氧氟沙星	DK20-1604103	上虞京新药业有限公司	25Kg/桶	1605-00Y001	Kg	6.35
氯化钠	20151027	中盐宏博集团云梦云虹制药有限公司	25Kg/袋	1512-00Y001	Kg	23.40
活性炭	20150408	浙江杭木工业有限公司活性炭分公司	12Kg/箱	1506-00F001	Kg	0.78
注射用水	——————		——————	——————	万 ml	260

包　装　材　料　使　用						
物料名称	批　号	供　应　商	规　格	检验单号	单位	使用量
钠钙玻璃输液瓶	16040601	广汉市玻璃制瓶有限公司	250ml	1605-00B001	个	10696
注射液用卤化丁基胶塞	1605003	江苏润德医用材料有限公司	26-B5	1609-00B004	只	10696
输液瓶用铝塑复合盖	160309104	湖北新龙包装有限公司	Φ26	1608-00B015	只	10660
标签	B11820161001	海口屹美彩印有限公司	250ml:0.5g	1610-00B031	张	10504
说明书	B10120161002	海南新海源印刷包装有限公司	250ml:0.5g	1610-00B029	张	1738
合格证	H019-161002	海口鑫悦通彩印有限公司	250ml:0.5g	1610-00B032	张	347
纸箱	B12120161101	海口张天强包装有限公司	250ml×30 瓶	1611-00B001	套	347

指令下达人 李子俑	复核人 [签名]
下达日期：　2016 年 11 月 2 日	复核日期：　2016 年 11 月 2 日
备注：	

注：本指令一式两份，生产物料部、生产车间各一份。

R·SC·01·004-01

大 容 量 注 射 剂 输 液 瓶 粗 洗 指 令

产品名称	盐酸左氧氟沙星氯化钠注射液		
产品规格	250ml：左氧氟沙星 0.5g 与氯化钠 2.25g		
产品批号	C019-161116		
理论产量	10400 瓶	生产日期	2016 年 11 月 3 日
指令内容	领用瓶规格：　250　ml　批号：　16040601　 检验单号：　1605-00B001　 指令执行负责人：　　执行日期：2016 年 11 月 3 日 车间工艺员：　　日 期：2016 年 11 月 2 日 车间主任：　　日 期：2016 年 11 月 2 日		
备注			

R·SC·01·005-02

大容量注射剂理瓶操作记录

产品名称	盐酸左氧氟沙星氯化钠注射液		
产品规格	250ml：左氧氟沙星0.5g与氯化钠2.25g	理论产量	10400 瓶
产品批号	C019-161116	操作日期	2016年11月03日

生产操作前检查

检查项目	检查标准	检查结果
工作服穿着情况	着装规范	是☑ 否□
上批清场结果	合格，有清场合格证	是☑ 否□
按生产指令核对物料	输液瓶批号、规格与指令一致	是☑ 否□
设备状态	完好，已清洁	是☑ 否□
压差	粗洗间对一般区压差≥10Pa	压差：17 Pa
主要设备	设备名称：FP-00理瓶台　　　设备编号：SY/F001	

检查人/日期	谢华 2016.11.03	QA人员/日期	牟延凤 2016.11.03

理瓶过程

1、将玻璃输液瓶瓶口朝上置理瓶机上，去除外包装物，轻轻将瓶推入上瓶轨道。
2、与粗洗间联系开启进瓶输送带，将输液瓶传入粗洗间。
3、理瓶过程中随时剔除裂口、裂纹、结石和瓶内异物等不合格品。
4、结束操作后，关闭理瓶走带，按一车间清场操作规程清场。

输液瓶使用记录

操作开始时间	17 时 14 分	操作结束时间	18 时 05 分
供应商	广汉市玻璃制瓶有限公司	批号	16040601

领用量	上批结余量	使用量	废瓶量	结余量	结余去向
8910 个	396 个	8154 个	50 个	1122 个	退库口 转下批使用☑

输液瓶平衡率=（使用量＋废瓶量＋结余量）/（领用量＋上批结余量）×100%= 100%

（输液瓶平衡率范围：97%-100%）

操作人/日期	颜洪英 2016.11.3	复核人/日期	王玉花 2016.11.3

清场记录

清场项目	清场人检查结果	QA人员检查结果
△清除外包装袋、废纸、破瓶、包装绳、合格证等废弃物置规定处。	✓	✓
△清理并擦洗干净理瓶输送带、工作台面。	✓	✓
△取下本批生产状态卡，及与下批生产无关的工艺文件，清离现场。	✓	✓
△地面无积水，无与下批生产无关的遗留物。	✓	✓
○擦净天棚、墙壁、门窗及拖净地板，废弃物清离现场，无遗留物。	✓	
◇剩余瓶退料。		

"△"代表批清场，"○"代表日清场，"◇"代表换品种清场。符合要求检查结果栏内打"√"，不符合要求重新清场至合格。

清场人	颜洪英	QA人员	牟延凤	日期	2016年11月03日18时15分

备注：	

R·SC·01·006-02

大容量注射剂粗洗操作记录

产 品 名 称	盐酸左氧氟沙星氯化钠注射液		
产 品 规 格	240ml:左氧氟沙星0.5与氯化钠2.25	理论产量	10400　瓶
产 品 批 号	C019-161116	操作日期	2016 年 11 月3 日

生产操作前检查		
检查项目	检查标准	检查结果
洁净服穿着情况	穿 D 级洁净服、洁净鞋，戴口罩、手套，着装规范	是☑ 否□
上批清场结果	合格，有清场合格证	是☑ 否□
设备状态	完好，已清洁	是☑ 否□
喷嘴位置	喷射管与瓶托中心线在一条线上	是☑ 否□
压差	精洗间对粗洗间压差≥10Pa	压差：30 Pa
主要设备	设备名称：QCX15 超声波粗洗机　　设备编号：SY/F002	
检查人/日期	邓晖　2016.11.3	QA 人员/日期　吴海波 2016.11.3

粗瓶过程
1、操作工提前往超声波水槽内加饮用水至指示位置。
2、与理瓶及精洗协调好启动超声波粗洗机，开始洗瓶。
3、粗洗流程：理瓶输入→进瓶→超声波粗洗→循环水冲洗（外冲 2 次、内冲 3 次）→出瓶输至精洗。
4、每 30 分钟检查一次超声波水槽内水的温度应为 40℃-50℃，喷洗的循环水压力应为 0.1MPa-0.2Mpa，粗洗后输液瓶应无污点、流痕及可见异物。
5、结束操作后，关闭粗洗机，按一车间清场操作规程清场。

粗洗记录							
操作起止时间	17 时14 分～ 18 时03 分			粗洗破损量	3 瓶		
检查时间	循环水压力	水槽温度	清洁度检查	检查时间	循环水压力	水槽温度	清洁度检查
17时14分	0.2 MPa	42 ℃	合格☑ 不合格□	时　分	MPa	℃	合格□ 不合格□
17时40分	0.2 MPa	44 ℃	合格☑ 不合格□	时　分	MPa	℃	合格□ 不合格□
18时00分	0.2 MPa	45 ℃	合格☑ 不合格□	时　分	MPa	℃	合格□ 不合格□
操作人/日期	邓晖　2016.11.3			复核人/日期	孔丹婷 2016.11.3		

清 场 记 录		
操作间：粗洗间　　　操作间编号：6		
清 场 项 目	清场人检查结果	QA 人员检查结果
△清除破瓶等废弃物置规定处。	✓	✓
△清理并擦洗干净粗洗机设备台面。	✓	✓
△取下本批生产状态卡，及与下批生产无关的工艺文件，清离现场。	✓	✓
△地面无积水，无与下批生产无关的遗留物。	✓	✓
○按清洁规程对设备、地面、墙壁、门窗、天棚、地漏等进行清洁消毒。	✓	✓
○清洗干净洁具、工器具，并于规定位置干燥存放。	✓	✓
○废弃物清离现场，无遗留物。	✓	✓
"△"代表批清场，"○"代表日清场，"◇"代表换品种清场。符合要求检查结果栏内打"√"，不符合要求重新清场至合格。		

清场人	邓晖	QA 人员	吴海波	日期	2016 年 11 月 3 时 18 时15 分

备注：

受控
批生产记录

R·SC·01·007-01

大 容 量 注 射 剂 输 液 瓶 精 洗 指 令

产品名称	盐酸左氧氟沙星氯化钠注射液		
产品规格	250ml：左氧氟沙星0.5g与氯化钠2.25g		
产品批号	C019-161116		
理论产量	10400 瓶	生产日期	2016年11月3日
指令内容	领用瓶规格： 250 ml 批号： 16040601 检验单号： 1605-00B001 指令执行负责人： 执行日期：2016 年 11 月 3 日 车间工艺员： 日 期：2016 年 11 月 2 日 车间主任： 日 期：2016 年 11 月 2 日		
备注			

R·SC·01·008-02

大容量注射剂精洗操作记录

产 品 名 称	盐酸左氧氟沙星氯化钠注射液		
产 品 规 格	250mL：左氧氟沙星0.5g 氯化钠2.25g	理论产量	10400　瓶
产 品 批 号	C019-16116	操作日期	2016年11月3日

生产操作前检查

检查项目	检查标准	检查结果
洁净服穿着情况	穿C级洁净服、洁净鞋，戴口罩、手套，着装规范	是☑　否☐
上批清场结果	合格，有清场合格证	是☑　否☐
设备状态	完好，已清洁	是☑　否☐
喷嘴位置	喷射管与瓶托中心线在一条线上	是☑　否☐
压差	精洗间对C级走廊压差≥10Pa	压差：20　Pa
主要设备	设备名称：JXA15 型精洗机　　设备编号：SY/F003	

检查人/日期	谢秋梅 2016.11.3	QA人员/日期	吴海波 2016.11.3

精瓶过程

1、操作工提前往循环水槽内加纯化水至指示位置。

2、启动精洗机，并调整洗瓶机和传送带速度使一致，开始洗瓶。

3、精洗流程：粗洗后输入→进瓶→循环水冲洗（内冲 3 次、外冲 1 次）→注射用水冲洗（内冲 3 次、外冲 1 次）→出瓶输至灌装。

4、每 30 分钟检查并控制循环水压力保持 0.1MPa-0.2MPa，检查并控制注射用水压力保持在 0.1MPa-0.2MPa，温度大于 70℃，确保各道水都能冲洗到位。

5、精洗后输液瓶目测应无污点、流痕及无光泽薄层，无肉眼可见异物。

6、生产开始及结束时应对出瓶做残留水检查。

7、结束操作后，关闭精洗机，按一车间清场操作规程清场。

精洗记录

操作起止时间	17 时 15 分～ 18 时 05 分		精洗破损量	3　瓶

检查时间	循环水压力	注射用水压力	注射用水温度	出瓶是否洁净
17 时 15 分	0.2 MPa	0.2 MPa	78 ℃	是☑　否☐
17 时 45 分	0.2 MPa	0.2 MPa	78 ℃	是☑　否☐
时 分	MPa	MPa	℃	是☐　否☐
时 分	MPa	MPa	℃	是☐　否☐
时 分	MPa	MPa	℃	是☐　否☐
时 分	MPa	MPa	℃	是☐　否☐

操作人/日期	谢秋梅 2016.11.3	复核人/日期	吴小芬 2016.11.3

R·SC·01·008-02

大容量注射剂精洗操作记录

第2页共2页

产品名称	盐酸左氧氟沙星氯化钠注射液																
产品规格	250mL:左氧氟沙星0.5g与氯化钠2.25g																
产品批号	C019－161116								操作日期			2016年11月3日					

残留水检测记录

	抽查瓶序号	1	2	3	4	5	6	7	8	9	10	11	12	13	14	15
生产开始	残留水（滴）	—	—	—	—	1	—	—	1	1	1	1	—	—	—	—
生产结束	残留水（滴）	1	1	1	—	—	—	—	—	—	—	—	1	—	—	1

检查标准：50ml、100ml规格不超过2滴/瓶；200ml、250ml规格不超过3滴/瓶；500ml规格不超过5滴/瓶。

操作人/日期	谢秋梅 2016.11.3	复核人/日期	吴书松 2016.11.3

清场记录

操作间：精洗间　　　操作间编号：10

清场项目	清场人检查结果	QA人员检查结果
△清除破瓶等废弃物置规定处。	✓	✓
△清理并擦洗干净精洗机设备台面。	✓	✓
△取下本批生产状态卡，及与下批生产无关的工艺文件，清离现场。	✓	✓
△地面无积水，无与下批生产无关的遗留物。	✓	✓
○按清洁规程对设备、地面、墙壁、门窗、天棚、地漏等进行清洁消毒。	✓	✓
○清洗干净洁具、工器具，并于规定位置干燥存放。	✓	✓
○废弃物清离现场，无遗留物。	✓	✓

"△"代表批清场，"○"代表日清场，"◇"代表换品种清场。符合要求检查结果栏内打"√"，不符合要求重新清场至合格。

清场人	谢秋梅	QA人员	吴海波	日期	2016年11月3日16时15分

备注：

受控
批生产记录

R·SC·01·009-02

大 容 量 注 射 剂 配 料 指 令

产品名称	盐酸左氧氟沙星氯化钠注射液	
产品规格	250ml：左氧氟沙星 0.5g 与氯化钠 2.25g	
产品批号	C019-161116	
生产日期	2016 年 11 月 3 日　　理论产量	10400　瓶

<table>
<tr><td rowspan="10">指
令
内
容</td><td>
原辅料名称：<u>盐酸左氧氟沙星</u>　批号：<u>DK20-1604103</u>　检验单号：<u>1605-00Y001</u>　用量：<u>6.35</u>　kg

原辅料名称：<u>氯化钠</u>　批号：<u>20151027</u>　检验单号：<u>1512-00Y001</u>　用量：<u>23.40</u> kg

原辅料名称：　　　批号：　　　检验单号：　　　用量：　kg

活性炭用量：<u>0.78</u>　k g　批号：<u>20150408</u>　检验单号：<u>1506-00F001</u>

浓配注射用水用量：<u>78</u>　万 ml

配料执行负责人：　　　执行日期：<u>2016</u> 年 <u>11</u> 月 <u>3</u> 日

车间工艺员：　　　日　期：<u>2016</u> 年 <u>11</u> 月 <u>2</u> 日

车 间 主 任：　　　日　期：<u>2016</u> 年 <u>11</u> 月 <u>2</u> 日
</td></tr>
</table>

备 注	

受控
批生产记录

R·SC·01·010-03

大容量注射剂称量操作记录

第 1 页共 2 页

产品名称	盐酸左氧氟沙星氯化钠注射液		
产品规格	250ml：左氧氟沙星0.5g 氯化钠2.25g	理论产量	10400 瓶
产品批号	C019-161116	操作日期	2016 年11月3 日

生产操作前检查

检查项目	检查标准	检查结果
洁净服穿着情况	穿 D 级洁净服、洁净鞋，戴口罩、手套，着装规范	是☑ 否□
上批清场结果	合格，有清场合格证	是☑ 否□
按生产指令核对物料	原辅料名称、批号、检验单号与指令一致	是☑ 否□
设备状态	完好，已清洁	是☑ 否□
称量间温度、相对湿度、是否符合规定	温度 18℃-26℃	温度：21 ℃
	相对湿度 45%-75%	相对湿度：61 %
备炭间温度、相对湿度、是否符合规定	温度 18℃-26℃	温度：21 ℃
	相对湿度 45%-75%	相对湿度：61 %
主要设备	电子秤：DQ01001☑ DQ01002☑ DQ01003☑	
检查人/日期	裴敏 2016.11.3	QA人员/日期 吴润波 2016.11.3

电子秤校验

校验砝码	1 号桶	2 号桶	3 号桶	4 号桶	5 号桶	6 号桶	7 号桶
标准重量	1kg	1kg	2kg	2kg	5kg	10kg	10kg

编号	校验砝码桶号	标准重量（kg）	显示重量（kg）	误差（g）	校验结果
DQ01001	1、3	3	3	0	合格☑ 不合格□
DQ01002	5、6	15	15	0	合格☑ 不合格□
DQ01003	2、3、4、5、6、7	30	30	0	合格☑ 不合格□

误差=标准重量-显示重量 （合格标准：±0.08%）

检查人/日期	裴敏 2016.11.3	复核人/日期	吴小娟 2016.11.3

原辅料备料过程

1、配药人员将原辅料传进称量间。 2、在FFU下，用称量盛器将原辅料置电子称上称量，先称产尘小的原辅料，后称产尘大的原辅料，称取所需原辅料置于不锈钢桶中，加盖。	称量起止时间	
	14 时38 分~ 14 时45 分	
3、配药人员将活性炭传进备炭间。 4、在FFU下，用称量盛器装适量注射用水置电子称上称量去皮，加入处方量的活性炭，搅拌成炭浆。	备炭起止时间	
	14 时50 分~ 14 时56 分	
5、结束操作后，关闭电子秤，将称取的原辅料送浓配间，按一车间清场操作规程清场。		

R・SC・01・010-03

大容量注射剂称量操作记录

第2页共2页

产品名称	地政左氧氟沙星氧化钠冷细液		
产品规格	250ml：左氧氟沙星0.5g；氯化钠2.29g	产品批号	C019-161116

原辅料称量记录

原辅料名称	地政左氧氟沙星	氯化钠	冷性炭
供应商	上虞辛新药业有限公司	牛达宇博华团 邛碧刁知2岩药有限公司	浙江拔术工业有限公司冷性炭分公司
上批结存量	11.37 kg	45.08 kg	3.00 kg
领用量	kg	kg	kg
批号	12K20-1604103	20151027	20150408
称取量	6.35 kg	23.40 kg	0.78 kg
复核量	6.35 kg	23.40 kg	0.78 kg
剩余量	5.02 kg	21.68 kg	2.22 kg
剩余去向	转下批使用☑ 退库☐	转下批使用☑ 退库☐	转下批使用☑ 退库☐
操作人/日期	娄莉 2016.11.3	复核人/日期	吴小娟 2016.11.3

清场记录

操作间：称量间、备炭间　　操作间编号：15、16

清场项目	清场人检查结果	QA人员检查结果
△清理并擦洗干净工作台面及电子秤。	✓	✓
△取下本批生产状态卡，及与下批生产无关的工艺文件，清离现场。	✓	✓
△地面无积尘，无与下批生产无关的遗留物。	✓	✓
○剩余物料送规定地点位置、挂标记，废弃物清离现场，无遗留物。	✓	✓
○擦净天棚、墙壁、门窗及拖净地板。	✓	✓
○按清洁规程清洗干净洁具、工器具，并于规定位置干燥存放。	✓	✓
◇将剩余原辅料及下批生产无关的剩余物料清离车间。		

"△"代表批清场，"○"代表日清场，"◇"代表换品种清场。符合要求检查结果栏内打"√"，不符合要求重新清场至合格。

清场人	吴小娟	QA人员	吴湖波	日期	2016年11月3日15时05分

备注：

领料单粘贴处：

R·SC·01·029-01

盐酸左氧氟沙星氯化钠注射液浓配操作记录

产品规格	250ml:左氧氟沙星0.5g,氯化钠2.25g		理论产量	10400瓶
产品批号	C019-161116		操作日期	2016年11月3日

生产操作前检查

检查项目	检查标准	检查结果
洁净服穿着情况	穿D级洁净服、洁净鞋，戴口罩、手套，着装规范	是☑ 否□
上批清场结果	合格，有清场合格证	是☑ 否□
原辅料称量	已按指令完成原辅料称量	是☑ 否□
设备状态	设备、过滤器及管道完好且已清洁并在有效期内	是☑ 否□
主要设备	设备名称：JJG-1.0型浓配罐　　设备编号：SY/F015	
检查人/日期	崔瑞 2016.11.3	QA人员/日期 吴海波 2016.11.3

配制过程

工艺要点	工艺操作	
1、调节注射用水温度至55～75℃	注射用水温度	60℃
2、将称好的氯化钠加入浓配罐中，加适量注射用水搅拌溶解。	氯化钠	23.40 kg
3、将称好的盐酸左氧氟沙星加入浓配罐中。	盐酸左氧氟沙星	6.35 kg
4、加注射用水至配制体积的30%搅拌溶解。	浓配总量	78 万ml
	溶解时间	15时06分～15时13分
5、将制成的炭浆加入浓配罐中搅拌均匀，吸附15分钟。	吸附时间	15时15分～15时30分
6、打开泵将药液经0.65μm过滤脱炭后送至稀配罐，浓配操作过程不得超过2小时。	浓配时间	14时59分～15时46分
7、结束操作后，按一车间清场操作规程清场。		
操作人/日期 崔瑞 2016.11.3	复核人/日期 吴小娟 2016.11.3	

清场记录

操作间：浓配间　　操作间编号：24

清场项目	清场人检查结果	QA人员检查结果
△清除废弃物置规定处。	✓	✓
△清理并擦洗干净设备表面。	✓	✓
△取下本批生产状态卡，及与下批生产无关的工艺文件，清离现场。	✓	✓
△地面无积水，无与下批生产无关的遗留物。	✓	✓
△确认管道及滤器中的残留药液已排空。	✓	✓
○剩余瓶及废弃物清离现场，无遗留物。	✓	✓
○按清洁规程对设备、地面、墙壁、门窗、天棚、地漏等进行清洁消毒。	✓	✓
○按清洁规程清洗干净洁具、工器具，并于规定位置干燥存放。	✓	✓
◇更换产品品种时，滤芯按相应品种更换		

"△"代表批清场，"○"代表日清场，"◇"代表换品种清场。符合要求检查结果栏内打"√"，不符合要求重新清场至合格。

清场人	吴小娟	QA人员	吴海波	日期	2016年11月3日16时00分

备注：

R·SC·01·012-01

大 容 量 注 射 剂 稀 配 指 令

产品名称	盐酸左氧氟沙星氯化钠注射液		
产品规格	250ml: 左氧氟沙星 0.5g 与氯化钠 2.25g		
产品批号	C019-161116		
生产日期	2016 年 11 月 3 日	理论产量	10400　瓶

指令内容	加注射用水稀配至: __260__ 万 ml 指令执行负责人: ~~梁敏~~　执行日期: 2016 年 11 月 3 日 车间工艺员: ~~董志洞~~　日　期: 2016 年 11 月 2 日 车间主任: ~~李小壶~~　日　期: 2016 年 11 月 2 日
备注	

R·SC·01·030-01

盐酸左氧氟沙星氯化钠注射液稀配操作记录

第1页 共3页

产品规格	200ml:左氧氟沙星0.5g与氯化钠2.2g丹		理论产量	10400 瓶
产品批号	C019-161116		操作日期	2016年11月3日
生产操作前检查				
检查项目	检查标准		检查结果	
洁净服穿着情况	穿C级洁净服、洁净鞋，戴口罩、手套，着装规范		是☑ 否☐	
上批清场结果	合格，有清场合格证		是☑ 否☐	
原辅料称量	已按指令完成原辅料称量		是☑ 否☐	
设备状态	设备、过滤器及管道完好且已清洁并在有效期内		是☑ 否☐	
滤芯生产前测试	0.22μm过滤器滤芯生产前测试结果范围：≥0.36MPa		是☑ 否☐	
主要设备	设备名称：XP3000型稀配罐 设备编号：SY/F013☐ SY/F014☑			
检查人/日期	郑丽蓉 2016.11.3	QA人员/日期	吴海波 2016.11.3	

配制过程	
工艺要点	工艺操作
1、调节注射用水温度至55～75℃	注射用水温度 63 ℃
2、按指令加注射用水至配制量。	配制总量 260 万ml
3、按需求加试剂调节药液PH值。	1mol/L NaOH溶液 1000 ml 1mol/L HCl溶液 ml
4、启动卫生泵循环30分钟。	循环时间 15时53分～16时22分
5、通知QA人员取样检查可见异物并送中心化验室进行半成品检测，中间产品检查合格，通知灌封岗准备灌封，用卫生泵将药液依次经0.45μm、0.22μm过滤器送至高位槽。	样品可见异物检查 合格☑ 不合格☐

	送检量	PH值	左氧氟沙星含量	氯化钠含量
	500 ml	5.0	98.2%	100.1%
性状	淡黄绿色澄明液体			

6、稀配操作过程不得超过4小时，从稀配完到灭菌时间不得超出8小时。	稀配时间 15时32分～17时10分
7、0.22μm过滤器滤芯生产后测试结果≥0.36MPa	
8、结束操作后，按一车间清场操作规程清场。	

操作人/日期	郑丽蓉 2016.11.3	复核人/日期	陈志新 2016.11.3
QA人员/日期	吴海波 2016.11.3		

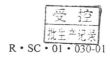

R·SC·01·030-01

盐酸左氧氟沙星氯化钠注射液稀配操作记录

产品规格	250ml:左氧氟沙星0.5g与氯化钠2.25g		
产品批号	C019-161116	操作日期	2016年11月3日

1mol/L NaOH 溶液配制记录

供应商	湖南尔康制药股份有限公司	批号	100920160202
配制过程	称取氢氧化钠___40___g，加水使溶解成___1000___ml，即得		
配制标准	称取氢氧化钠40g，加水使溶解成1000ml，即得		

1mol/L HCl 溶液配制记录

供应商		批号	
配制过程	量取盐酸_____ml，加水稀释成_____ml，即得		
配制标准	称取盐酸83ml，加水稀释成1000ml，即得		
操作人/日期	邵明蕾 2016.11.3.	复核人/日期	陈志新. 2016.11.3.

清 场 记 录

操作间：稀配间　　　操作间编号：12

清 场 项 目	清场人检查结果	QA人员检查结果
△清理并擦洗干净设备表面，清除废弃物置规定处。	√	√
△取下本批生产状态卡，及与下批生产无关的工艺文件，清离现场。	√	√
△地面无积水，无与下批生产无关的遗留物。	√	√
△确认管道及滤器中的残留药液已排空	√	√
○剩余瓶及废弃物清离现场，无遗留物。	√	√
○按清洁规程对设备、地面、墙壁、门窗、天棚、地漏等进行清洁消毒。	√	√
○按清洁规程清洗干净洁具、工器具，并于规定位置干燥存放。	√	√
◇更换产品品种时，滤芯按相应品种更换		

"△"代表批清场，"○"代表日清场，"◇"代表换品种清场。符合要求检查结果栏内打"√"，不符合要求重新清场至合格。

清场人	陈志新	QA人员	吴海波	日期	2016年11月3日18时20分
备注：					

R·SC·01·030·01

盐酸左氧氟沙星氯化钠注射液稀配操作记录

第3页 共3页

产品规格	250ml左氧氟沙星0.5g与氯化钠2.25g
产品批号	C019－161116

滤芯完整性测试记录

滤芯材质	聚砜醚砜	滤芯生产厂家	上海格氏流体设备科技有限公司
生产前测试结果粘贴		生产后测试结果粘贴	

生产前测试结果粘贴：

评阅 2016.11.3

过滤芯完整性监测报告单
测试时间：16-11-03 18:00
测试规格：0.22Mm
标定压力：0.36MPa
保压压力：0.36MPa
结论：　合格
测试员：陈志新
C140685207S152

过滤芯完整性监测报告单
测试时间：16-11-03 18:00
测试规格：0.22Mm
标定压力：0.36MPa
保压压力：0.36MPa
结论：　合格
测试员：陈志新
C140685207S153

过滤芯完整性监测报告单
测试时间：16-11-03 14:30
测试规格：0.22MPa
标定压力：0.36MPa
保压压力：0.36MPa
结论：　合格
测试员：陈志新
C140685207S154

生产后测试结果粘贴：

评阅 2016.11.3

过滤芯完整性监测报告单
测试时间：16-11-03 18:48
测试规格：0.22Mm
标定压力：0.36MPa
保压压力：0.36MPa
结论：　合格
测试员：郑丽蕾
编号：C140685207S152

过滤芯完整性监测报告单
测试时间：16-11-03 18:00
测试规格：0.22MPa
标定压力：0.36MPa
保压压力：0.36MPa
结论：　合格
测试员：郑丽蕾
编号：C140685207S153

过滤芯完整性监测报告单
测试时间：16-11-03 18:30
测试规格：0.22MPa
标定压力：0.36MPa
保压压力：0.36MPa
结论：　合格
测试员：郑丽蕾
编号：C140685207S154;

操作人/日期		复核人/日期	

中间产品检验报告单

检验单号：1611-01J016

检品名称	盐酸左氧氟沙星氯化钠溶液	收检日期	2016 年 11 月 3 日
批 号	C019-161116	报告日期	2016 年 11 月 3 日
规 格	250ml：左氧氟沙星 0.5g 与氯化钠 2.25g	检品来源	一车间
本批数量	260 万 ml	检验依据	STP·ZJ·00·004-03
检验项目	性状、PH 值、含量测定		

检验项目	标准规定	检验结果
[性状]	应为淡黄绿色或黄绿色澄明液体	为淡黄绿色澄明液体
[检查]		
pH 值	应为 4.5-5.5	5.0
[含量测定]		
氯化钠	应为标示量的 98.0%~105.0%	100.1%
左氧氟沙星	应为标示量的 95.0%~105.0%	98.2%

结 论	本品按 STP·ZJ·00·004-03 检验， 结果 符合规定。		
检验人	林禄党	复核人	质量部门负责人

R·SC·01·014-01

大 容 量 注 射 剂 灌 装 指 令

产品名称	盐酸左氧氟沙星氯化钠注射液		
产品规格	250ml：左氧氟沙星 0.5g 与氯化钠 2.25g		
产品批号	C019-161116		
生产日期	2016 年 11 月 3 日	理论产量	10400 瓶

指令内容	灌装药液总量：_____260_____ 万 ml 灌装规格：____250____ml/瓶 装量限度：_250__ ～ __265__ ml/瓶 指令执行负责人：_____ 执行日期：_2016_ 年 _11_ 月 _3_ 日 车间工艺员：_____ 日 期：_2016_ 年 _11_ 月 _2_ 日 车间主任：_____ 日 期：_2016_ 年 _11_ 月 _2_ 日 QA检查员：_吴海波_ 日 期：_2016_ 年 _11_ 月 _3_ 日
备注	

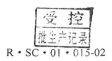

受控
批生产记录

R·SC·01·015-02

大容量注射剂灌装操作记录

第1页 共4页

产品名称	盐酸左氧氟沙星氯化钠注射液		
产品规格	250mL:左氧氟沙星0.5g与氯化钠2.25g	理论产量	10400瓶
产品批号	C019-161116	操作日期	2016年11月3日

生产操作前检查

检查项目	检查标准	检查结果
洁净服穿着情况	穿C级洁净服、洁净鞋、戴口罩、手套，着装规范	是☑ 否☐
上班清场结果	合格，有清场合格证	是☑ 否☐
A级层流	提前15分钟开启A级层流	是☑ 否☐
滤芯生产前测试	终端过滤器滤芯生产前测试结果范围：≥0.36MPa	是☑ 否☐
压差	灌装间对C级走廊压差≥10Pa	压差：26 Pa
设备状态	完好，已清洁	是☑ 否☐
主要设备	设备名称：CNGFS24/10型旋转式灌装充氮压塞机　　设备编号：SY/F004	
检查人/日期	张炎朋.2016.11.3	QA人员/日期　吴涵波 2016.11.3

灌装压塞过程

1、准备好洁净的胶塞，加放置上塞机振荡斗里。
2、通知稀配人员输送药液。
3、与精洗岗协调好启动灌装充氮压塞机，按当批生产规格调节装量至规定范围。
4、协调上下工序，启动灌装充氮压塞机开始灌装操作。
5、灌装压塞过程中，注意观察灌装压塞情况，如有不合格中间产品应及时剔除。
6、每30分钟检查一次装量，检查一次压塞质量，要求压塞平整严密。
7、终端过滤器滤芯生产后测试合格，测试结果应≥0.36MPa。
8、结束操作后，关闭灌装充氮压塞机，按一车间清场操作规程清场。
9、灌装操作要在8小时内完成。

灌装记录

灌装起止时间	17 时 18 分～ 18 时 08 分		层流开启时间		13 时 15 分

灌装总量	灌装完好量	装量检查量	灌装破损量	药液残余量	药液残余去向
9972瓶 9972瓶 张炎朋.2016.11.3	9916 瓶	48 瓶	8 瓶	39895 ml	环保处理☑ 排掉☐

上批胶塞结余量	胶塞接收量	胶塞损耗量	胶塞剩余量	胶塞剩余去向	
10200 只	只	84 只	200 只	返回胶塞清洗☑　　转下批使用☐	

药液平衡率=（灌装总量×平均装量+药液残余量+配制送检量）/配制总量×100%　（药液平衡率范围：98%-102%）

=（ 9972 × 255 + 39895 + 500 ）/2600000 ×100% = 99.4 %

操作人/日期	张炎朋.2016.11.3	复核人/日期　王隆庆 2016.11.3

R·SC·01·015-02

大容量注射剂灌装操作记录

第 2 页 共 4 页

产品名称	盐酸左氧氟沙星氯化钠注射液					
产品规格	250ml:左氧氟沙星0.5g与氯化钠2.25g		产品批号	C019-16116		

装量检查记录

序号 时间	17时18分	17时48分	时 分	时 分	时 分	时 分	时 分	时 分
1	255 ml	255 ml	ml	ml	ml	ml	ml	ml
2	255 ml	255 ml	ml	ml	ml	ml	ml	ml
3	255 ml	255 ml	ml	ml	ml	ml	ml	ml
4	255 ml	255 ml	ml	ml	ml	ml	ml	ml
5	255 ml	255 ml	ml	ml	ml	ml	ml	ml
6	255 ml	255 ml	ml	ml	ml	ml	ml	ml
7	255 ml	255 ml	ml	ml	ml	ml	ml	ml
8	255 ml	255 ml	ml	ml	ml	ml	ml	ml
9	255 ml	256 ml	ml	ml	ml	ml	ml	ml
10	255 ml	256 ml	ml	ml	ml	ml	ml	ml
11	255 ml	255 ml	ml	ml	ml	ml	ml	ml
12	255 ml	255 ml	ml	ml	ml	ml	ml	ml
13	256 ml	255 ml	ml	ml	ml	ml	ml	ml
14	256 ml	255 ml	ml	ml	ml	ml	ml	ml
15	255 ml	255 ml	ml	ml	ml	ml	ml	ml
16	255 ml	255 ml	ml	ml	ml	ml	ml	ml
17	255 ml	255 ml	ml	ml	ml	ml	ml	ml
18	255 ml	255 ml	ml	ml	ml	ml	ml	ml
19	255 ml	255 ml	ml	ml	ml	ml	ml	ml
20	255 ml	255 ml	ml	ml	ml	ml	ml	ml
21	255 ml	255 ml	ml	ml	ml	ml	ml	ml
22	255 ml	255 ml	ml	ml	ml	ml	ml	ml
23	255 ml	255 ml	ml	ml	ml	ml	ml	ml
24	255 ml	255 ml	ml	ml	ml	ml	ml	ml
平均装量		255 ml		标准装量			250 ml	

装量控制范围：　500ml规格为500～520ml、250ml规格为250～265ml、200ml规格为200～210ml、100ml规格为100～105ml、50ml 规格为51～55ml。

操作人/日期	张松艳 2016.11.3	复核人/日期	夏隆庆 2016.11.3

大容量注射剂灌装操作记录

第 3 页 共 4 页

产品名称	盐酸左氧氟沙星氯化钠注射液		
产品规格	250mL:左氧氟沙星0.5g与氯化钠2.25g	产品批号	C019-161116

压塞质量检查记录

序号 \ 时间	17时18分	17时48分	时 分	时 分	时 分	时 分	时 分	时 分
1	√	√						
2	√	√						
3	√	√						
4	√	√						
5	√	√						
6	√	√						
7	√	√						
8	√	√						
9	√	√						
10	√	√						

注：压塞质量合格在对应的方格内打"√"，压塞质量不合格在对应的方格内打"×"并停机调整至上塞合格。

操作人/日期	张以娟 2016.11.3	复核人/日期	王隆兵 2016.11.3

清 场 记 录

操作间：灌装间　　　　操作间编号：11

清 场 项 目	清场人检查结果	QA人员检查结果
△清除破瓶、废胶塞等废弃物置规定处。	√	√
△清理并擦洗干净设备表面，半成品清离现场。	√	√
△取下本批生产状态卡，及与下批生产无关的工艺文件，清离现场。	√	√
△地面无积水，无与下批生产无关的遗留物。	√	√
△确认管道滤器中的残留药液已排空	√	√
○胶塞退回胶塞清洗间结算。	√	√
○剩余瓶及废弃物清离现场，无遗留物。	√	√
○按清洁规程对设备、地面、墙壁、门窗、天棚、地漏等进行清洁消毒。	√	√
○按清洁规程清洗干净洁具、工器具，并于规定位置干燥存放。	√	√
◇更换产品品种时，滤芯按相应品种更换	/	—

"△"代表批清场，"○"代表日清场，"◇"代表换品种清场。符合要求检查结果栏内打"√"，不符合要求重新清场至合格。

清场人	张以娟	QA人员	吴海波	日期	2016 年 11 月 3 日 18 时 30 分

备注：

受控
批生产记录

R·SC·01·015-02

大容量注射剂灌装操作记录

第 4 页 共 4 页

产品名称	盐酸左氧氟沙星氯化钠注射液		
产品规格	250ml:左氧氟沙星0.5g与氯化钠2.25g	产品批号	C019-161116

滤芯完整性测试记录

滤芯材质	聚醚砜	滤芯生产厂家	上海格氏流体设备科技有限公司
生产前测试结果粘贴		生产后测试结果粘贴	

生产前测试结果粘贴

张向娟 2016.11.3

过滤芯完整性测试报告单
测试时间：16-11-...
测试规格：0.22m
标定压力：0.36MPa
保压压力：0.36MPa
结论：　合格
测试员：张向娟
C1406851085128

过滤芯完整性测试报告单
测试时间：16-11-02 ...
测试规格：0.22m
标定压力：0.36MPa
保压压力：0.36MPa
结论：　合格
测试员：张向娟
C1406851085129

过滤芯完整性监测报告单
测试时间：16-11-02 ...
测试规格：0.22m
标定压力：0.36MPa
保压压力：0.36MPa
结论：　合格
测试员：张向娟
C1406851085130

生产后测试结果粘贴

张向娟 2016.11.3

过滤芯完整性测试报告单
测试时间：16-11-...
测试规格：0.22m
标定压力：0.36MPa
保压压力：0.36MPa
结论：　合格
测试员：张向娟
C1406851085128

过滤芯完整性测试报告单
测试时间：16-11-...
测试规格：0.22m
标定压力：0.36MPa
保压压力：0.36MPa
结论：　合格
测试员：张向娟
C1406851085129

过滤芯完整性测试报告单
测试时间：16-11-02 18:50
测试规格：0.22m
标定压力：0.36MPa
保压压力：0.36MPa
结论：　合格
测试员：张向娟
C1406851085130

操作人/日		复核人/日	

R·SC·01·016-01

大 容 量 注 射 剂 轧 盖 指 令

产品名称	盐酸左氧氟沙星氯化钠注射液		
产品规格	250ml: 左氧氟沙星0.5g 与氯化钠2.25g		
产品批号	C019-161116	理论产量	10400　瓶
生产日期	2016 年 11 月3 日		

指令内容	批号：　160309104　　检验单号：　1608-00B015
	指令执行负责人：秦维玉　执行日期：2016 年 11 月 3 日
	车间工艺员：　唐玉珂　　日　期：2016 年 11 月 2 日
	车间主任：　李玉连　　日　期：2016 年 11 月 2 日
备注	

R·SC·01·017-02

大容量注射剂轧盖操作记录

第 1 页 共 2 页

产品名称	盐酸左氧氟沙星氯化钠注射液		
产品规格	250ml:左氧氟沙星0.5克与氯化钠2.25g	理论产量	10400 瓶
产品批号	C019-161116	操作日期	2016 年 11 月 3 日

生产操作前检查			
检查项目	检查标准	检查结果	
洁净服穿着情况	穿D级洁净服、洁净鞋、戴口罩，着装规范	是☑ 否□	
上班清场结果	合格，有清场合格证	是☑ 否□	
按生产指令核对物料	铝塑复合盖批号、供应商与指令一致	是☑ 否□	
设备状态	完好，已清洁	是☑ 否□	
压差	灌装间对轧盖间压差≥10Pa	压差：32 Pa	
主要设备	设备名称：FG10型轧盖机　　　设备编号：SY/F005		
检查人/日期	秦德玉 2016.11.3	QA人员/日期	吴海波 2016.11.3

轧盖过程

1、往震荡斗内加入适量铝塑盖。

2、协调上下工序，启动轧盖机开始轧盖操作。

3、轧盖过程中不合格的，凡胶塞完整不掉塞者，重新轧盖，其它不合格中间产品应及时剔除。

4、未扣上盖的瓶子要及时挑出重新轧盖，不得有未扣盖的流入下工序。

5、每30分钟检查一次轧盖质量轧盖应端正，边缘要整齐紧密牢固不松动，扭力矩≥0.50N.m。

6、发现有松盖、齿状、飞边等情况时，应立即停机维修，确保轧盖封口严密。

7、结束操作后，关闭轧盖机，按一车间清场操作规程清场。

轧 盖 记 录			
操作起止时间	17 时 19 分 ~ 18 时 09 分	轧盖破损量	4 瓶
铝盖厂家	武汉欣立包装有限公司	铝盖批号	160309104

铝盖领用量	上批结余量	铝盖使用量	铝盖损耗量	铝盖剩余量	剩余去向
／ 只	11955 只	9912 只	43 只	2000 只	转下批使用☑ 退库□

铝盖平衡率=（铝盖使用量+铝盖损耗量+铝盖剩余量）/（铝盖领用量+上批结余量）×100%＝ 100 %

（铝盖平衡率范围：97%-100%）

操作人/日期	霍立连 2016.11.3	复核人/日期	秦德玉 2016.11.3

R·SC-01-017-02

大容量注射剂轧盖操作记录

第2页 共2页

产品名称	盐酸左氧氟沙星氯化钠注射液		
产品规格	250ml:左氧氟沙星0.5与氯化钠2.25g	产品批号	C019-161116

轧盖质量检查记录

时间与项目	序号	1	2	3	4	5	6	7	8	9	10
17时19分	轧盖外观	✓	✓	✓	✓	✓	✓	✓	✓	✓	✓
	扭力矩（N.m）	0.62	0.71	0.70	0.64	0.58	0.57	0.70	0.66	0.63	0.59
17时45分	轧盖外观	✓	✓	✓	✓	✓	✓	✓	✓	✓	✓
	扭力矩（N.m）	0.59	0.62	0.65	0.70	0.71	0.63	0.58	0.59	0.70	0.64
18时06分	轧盖外观	✓	✓	✓	✓	✓	✓	✓	✓	✓	✓
	扭力矩（N.m）	0.63	0.59	0.58	0.59	0.62	0.57	0.61	0.63	0.58	0.57
时 分	轧盖外观										
	扭力矩（N.m）										
时 分	轧盖外观										
	扭力矩（N.m）										
时 分	轧盖外观										
	扭力矩（N.m）										

注：轧盖外观合格在对应的方格内打"√"，不合格在对应的方格内打"×"并停机调整至合格。

操作人/日期	郭垒垚 2016.11.3	复核人/日期	秦德云 2016.11.3

清 场 记 录

清 场 项 目	清场人检查结果	QA人员检查结果
△清除废弃物置规定处。	✓	✓
△清理并擦洗干净设备表面。	✓	✓
△取下本批生产状态卡，及与下批生产无关的工艺文件，清离现场。	✓	✓
△地面无积水，无与下批生产无关的遗留物。	✓	✓
○剩余铝盖及废弃物清离现场，无遗留物。	✓	✓
○按清洁规程对设备、地面、墙壁、门窗、天棚、地漏等进行清洁消毒。	✓	✓
○按清洁规程清洗干净洁具、工器具，并于规定位置干燥存放。	✓	✓

"△"代表批清场，"○"代表日清场，"◇"代表换品种清场。符合要求检查结果栏内打"√"，不符合要求重新清场至合格。

清场人	郭垒垚	QA人员		日期	2016年11月3日18时25分

备注：

R・SC・01・018-01

大 容 量 注 射 剂 灭 菌 指 令

产品名称	盐酸左氧氟沙星氯化钠注射液		
产品规格	250ml：左氧氟沙星 0.5g 与氯化钠 2.25g		
产品批号	C019-161116		
生产日期	2016 年 11 月 3 日	理论产量	10400 瓶
指令内容	灭菌温度：___118___ ℃　　灭菌时间：___25___ 分钟 Fo 值要求：___＞ 12___ 指令执行负责人 _黄书吉_　执行日期：_2016_ 年 _11_ 月 _3_ 日 车间工艺员 _黄芳芳_　日　期：_2016_ 年 _11_ 月 _2_ 日 车 间 主 任：_庞玉建_　日　期：_2016_ 年 _11_ 月 _2_ 日		
备注			

R・SC・01・019-02

大容量注射剂灭菌操作记录

第 1 页 共 2 页

产品名称	盐酸左氧氟沙星氯化钠注射液		
产品规格	250ml:左氧氟沙星0.59与氯化钠2.25g	理论产量	10400　瓶
产品批号	C019-161116	操作日期	2016 年 11 月 3 日

生产操作前检查			
检查项目	检查标准	检查结果	
工作服穿着情况	着装规范	是☑　否□	
上班清场结果	合格，有清场合格证	是☑　否□	
仪器仪表状态	仪器仪表均在校准有效期内	是☑　否□	
设备状态	完好，已清洁	是☑　否□	
蒸汽压力	汽源压力不得低于 0.3MPa	压力：0.75 MPa	
压缩空气压力	压缩空气压力应保持在 0.5～0.8MPa	压力：0.63 MPa	
压差	轧盖间对一般区压差≥10Pa	压差：19 Pa	
检查人/日期　袁书春 2016.11.3		QA人员/日期　2016.11.3	

上瓶操作	
1、主要设备：DSP100/500 型高速上瓶机，设备编号：SY/F008 2、与扎盖间联系开启输送带，贮瓶台一定量时，将瓶输置顶平板顶起推置灭菌车架，车架每层推数次则满，且确保每次推瓶的数量一致。 3、上瓶过程中，注意观察瓶身，如有不合格中间产品应及时剔除。 4、确认待灭菌品达到满载，如未达到需加色水瓶补充至满载。 5、结束操作后，按一车间清场操作规程清场。	上瓶破损量 9　瓶 灭菌装载量 9903　瓶
操作人/日期　夏丽丽 2016.11.3　　复核人/日期　印福英 2016.11.3	

灭菌过程
1、主要设备：PSMDB-DC-5 水浴灭菌柜，设备编号：SY/Y018 2、在灭菌车对应灭菌柜最冷点处贴上"灭菌指示条"，送入灭菌柜，通过电脑控制的灭菌操作，启动灭菌柜。 3、灭菌过程中密切注意各仪器仪表及电脑报表的灭菌数据，F0 值大于 12。 4、灭菌结束，柜室压力降至零，温度降至 65℃时灭菌车出柜，存放于已灭菌区并做好标识。 5、每车出柜后随机取 1 瓶试样做密闭性测试。 6、灭菌结束后打印灭菌曲线图、灭菌报表及灭菌指示条附于批记录。 7、结束操作后，按一车间清场操作规程清场。

灭菌记录			
操作起止时间	灭菌温度	灭菌时间	F0 值
18 时 34 分～19 时 51 分	118 ℃	19 时 09 分～19 时 34 分	19.3
灭菌装载量	灭菌破损量	无菌检查取样量	卸瓶总量
9903 瓶	／ 瓶	10 瓶	9888 瓶
操作人/日期　袁书春 2016.11.3		复核人/日期　邵亚娟 2016.11.3	

R·SC·01·019-02

大容量注射剂灭菌操作记录

第2页 共2页

产品名称	盐酸左氧氟沙星氯化钠注射液				
产品规格	250ml：左氧氟沙星0.5g与氯化钠2.25g		产品批号	C019-161116	

密闭性测试记录

测试时间	测试压力	取样量	完好量	泄漏量
25 秒	44.3 Kpa	5 瓶	5 瓶	— 瓶

灭菌指示条粘贴处：

操作人/日期	冀书吉 2016.11-3	复核人/日期	郝亚娟 2016.11-3

清场记录

清场项目	清场人检查结果	QA人员检查结果
△清除废弃物置规定处。	✓	✓
△清理并擦洗干净设备表面。	✓	✓
△取下本批生产状态卡，及与下批生产无关的工艺文件，清离现场。	✓	✓
△地面无积水，无与下批生产无关的遗留物。	✓	✓
○废弃物清离现场，无遗留物。	✓	✓
○按清洁规程对设备、地面、墙壁、门窗、天棚、地漏等进行清洁消毒。	✓	✓
○按清洁规程清洗干净洁具、工器具，并于规定位置干燥存放。	✓	✓

"△"代表批清场，"○"代表日清场，"◇"代表换品种清场。符合要求检查结果栏内打"√"，不符合要求重新清场至合格。

清场人	冀书吉	QA人员	李顺风	日期	2016年11月3日20时05分

备注：

灭菌报表

灭菌批号:C019-161116   日　　期:2016-11-03
品　　名:盐酸左氧氟沙星氯化钠注射液   操作员号:莫书吉
规　　格:250ml:左氧氟沙星0.5g与氯化钠2.25g   数　　量:9903
灭菌温度:118.0℃   灭菌时间:1500秒
灭菌F0值:12.0   冷却温度:65.0℃
以下是实际运行时间:
升温开始:18:34:19   灭菌开始:19:09:47   冷却开始:19:34:47
升温时间:2128秒   灭菌时间:1500秒   冷却时间:880秒   总时间:4644秒
F01:21.0   F02:20.0   F03:19.9   F04:20.6   F05:27.2   F06:19.3   最小F0值:19.3
F07:19.7

时间	T1	T2	T3	T4	T5	T6	T7	平均值	P1	P2	TL	TH
18:34:17	55.7	54.8	55.9	51.3	58.9	56.7	45.9	54.2	2.7	2.5	47.0	47.6
18:34:19	55.7	54.8	55.9	51.3	58.9	56.7	45.8	54.2	2.8	2.3	47.0	47.6
18:35:17	53.6	54.3	54.9	50.4	67.9	55.2	45.6	54.6	20.0	19.5	47.8	69.6
18:36:17	57.0	54.5	55.7	51.9	69.8	54.2	57.0	57.2	25.8	25.5	57.2	67.1
18:37:17	58.1	56.0	57.0	53.6	76.8	54.5	60.9	59.6	31.8	31.6	60.4	78.1
18:38:17	62.5	58.3	59.0	55.8	79.8	55.6	66.8	62.5	39.6	39.3	65.8	82.0
18:39:17	65.6	61.2	60.6	58.0	87.5	57.0	70.7	65.8	46.8	46.5	69.8	87.8
18:40:17	69.6	64.3	63.1	61.0	88.3	58.8	74.9	68.6	54.7	54.4	73.8	89.5
18:41:17	72.6	67.7	65.7	64.1	92.0	61.0	78.3	71.6	63.0	62.8	77.7	93.1
18:42:17	76.0	71.1	68.3	67.4	95.4	63.6	82.0	74.8	71.7	71.3	81.2	97.3
18:43:17	79.0	74.5	71.5	70.9	98.4	66.5	84.8	77.9	80.6	80.3	84.6	101.2
18:44:17	81.7	77.7	74.3	74.2	101.1	69.4	87.6	80.9	90.2	90.0	87.6	103.3
18:45:17	85.0	81.1	77.6	77.8	103.8	72.6	90.4	84.0	99.1	98.8	90.9	105.0
18:46:17	88.0	84.3	80.9	81.4	106.5	75.7	92.9	87.1	109.3	108.7	93.8	109.4
18:47:17	91.1	87.5	84.1	84.8	107.8	78.7	95.0	89.9	117.8	117.4	96.5	109.9
18:48:17	94.0	90.3	87.0	87.8	110.9	81.7	96.8	92.6	127.3	126.8	99.0	114.0
18:49:17	96.6	93.1	89.8	90.9	113.0	84.6	98.4	95.2	137.4	137.0	101.2	114.8
18:50:17	99.1	95.8	92.5	93.8	114.3	87.3	100.6	97.6	147.0	146.6	103.6	117.0
18:51:17	101.7	98.4	95.3	96.7	116.1	90.1	102.8	100.2	157.9	157.5	105.9	118.3
18:52:17	103.6	100.8	97.8	99.2	114.8	92.9	104.9	102.0	160.1	159.2	107.7	121.7
18:53:17	105.1	102.7	100.1	101.5	114.6	95.4	106.5	103.7	152.2	151.5	108.5	113.2
18:54:17	106.7	104.6	102.1	103.5	111.5	97.8	107.7	104.8	155.1	154.6	109.7	120.4
18:55:17	108.3	106.3	104.1	105.5	112.2	100.1	109.0	106.5	157.3	156.8	110.9	121.8
18:56:17	109.5	107.7	105.7	107.0	115.1	102.0	109.7	108.1	159.5	160.0	111.6	119.0
18:57:17	110.9	109.1	107.4	108.6	117.9	103.9	111.1	109.8	155.3	154.6	112.8	118.8
18:58:17	112.1	110.5	108.8	110.0	115.7	105.7	112.6	110.8	157.7	157.1	113.9	124.9
18:59:17	113.2	111.8	110.3	111.3	117.3	107.3	113.1	112.0	154.2	153.9	114.9	116.8
19:00:17	114.2	112.9	111.6	112.6	116.9	109.0	114.5	113.1	159.2	158.6	115.5	123.1
19:01:17	115.0	113.9	112.8	113.6	118.0	110.4	114.6	114.0	159.2	159.2	116.2	118.0
19:02:17	115.8	114.8	113.8	114.6	117.6	111.8	115.7	114.9	157.3	156.8	116.9	124.3
19:03:17	116.6	115.6	114.8	115.4	119.0	113.1	116.0	115.8	152.7	152.2	117.4	118.9
19:04:17	117.2	116.3	115.6	116.2	119.0	114.1	117.0	116.5	157.5	156.8	117.9	124.6
19:05:17	117.8	117.0	116.5	116.9	119.8	115.1	117.4	117.2	155.4	154.8	118.3	124.3
19:06:17	118.1	117.5	117.0	117.4	119.2	116.0	117.6	117.5	160.9	160.9	118.6	120.6

批　　号:C019-161116   3－1

莫书吉 2016.11.3

时间	T1	T2	T3	T4	T5	T6	T7	平均值	P1	P2	TL	TH
19:07:17	118.6	117.9	117.6	118.0	119.5	116.7	118.0	118.0	152.4	151.8	118.9	119.6
19:08:17	118.6	118.2	118.0	118.2	119.8	117.3	118.5	118.4	159.2	158.3	118.9	123.3
19:09:17	118.9	118.5	118.4	118.6	119.7	117.8	118.4	118.6	151.6	150.9	119.0	119.7
19:09:47	118.9	118.6	118.5	118.7	119.6	118.0	118.5	118.7	150.5	149.9	119.0	119.6
19:09:47	118.9	118.6	118.5	118.7	119.6	118.0	118.5	118.7	150.4	149.8	119.0	119.6
19:10:17	118.9	118.6	118.6	118.8	119.5	118.1	118.5	118.7	149.5	148.9	119.0	119.5
19:10:47	118.9	118.6	118.7	118.8	119.4	118.3	118.5	118.7	148.8	148.3	119.0	119.4
19:11:17	118.9	118.7	118.7	118.8	119.4	118.4	118.5	118.8	148.2	147.7	118.9	119.2
19:11:47	118.9	118.7	118.8	118.9	119.3	118.4	118.5	118.8	147.8	147.1	118.8	119.2
19:12:17	118.9	118.7	118.8	118.9	119.3	118.5	118.5	118.8	147.3	146.8	118.7	119.1
19:12:47	118.9	118.7	118.8	119.2	119.2	118.6	118.5	118.8	146.9	146.3	118.7	119.0
19:13:17	118.9	118.7	118.8	118.9	119.2	118.6	118.5	118.8	146.5	146.0	118.6	119.0
19:13:47	118.9	118.7	118.8	118.9	119.2	118.7	118.5	118.8	146.2	145.6	118.6	118.9
19:14:17	118.9	118.7	118.8	118.9	119.1	118.7	118.5	118.8	145.9	145.3	118.5	118.9
19:14:47	118.8	118.7	118.8	118.9	119.1	118.7	118.4	118.8	145.6	145.1	118.5	118.8
19:15:17	118.8	118.7	118.8	118.9	119.1	118.7	118.4	118.8	145.3	144.7	118.4	118.8
19:15:47	118.8	118.7	118.8	118.9	119.0	118.7	118.4	118.8	145.4	144.7	118.4	118.8
19:16:17	118.7	118.7	118.8	118.9	119.0	118.7	118.4	118.7	145.0	144.4	118.4	118.7
19:16:47	118.7	118.7	118.8	118.9	119.3	118.7	118.7	118.8	153.9	153.4	118.3	122.6
19:17:17	119.0	118.7	118.9	118.9	119.8	118.8	118.9	119.0	150.7	150.2	118.4	119.9
19:17:47	119.0	118.7	118.9	119.0	119.6	118.8	118.7	119.0	149.2	148.6	118.7	119.3
19:18:17	119.0	118.7	118.9	119.0	119.6	118.9	118.7	119.0	148.6	148.0	118.8	119.3
19:18:47	119.0	118.7	118.9	119.0	119.5	118.9	118.7	119.0	148.1	147.4	118.8	119.3
19:19:17	119.0	118.7	118.9	119.0	119.4	118.9	118.7	118.9	147.5	147.0	118.8	119.2
19:19:47	119.0	118.7	118.9	119.0	119.4	119.0	118.6	118.9	147.0	146.4	118.8	119.1
19:20:17	119.0	118.7	118.9	119.0	119.3	119.0	118.6	118.9	147.0	146.3	118.7	119.0
19:20:47	118.9	118.7	118.8	119.0	119.3	119.0	118.6	118.9	146.6	146.1	118.6	119.0
19:21:17	118.9	118.7	118.8	119.0	119.2	119.0	118.6	118.9	146.3	145.7	118.6	118.9
19:21:47	118.9	118.7	118.9	119.0	119.2	119.0	118.6	118.9	145.9	145.3	118.5	118.9
19:22:17	118.9	118.7	118.9	119.0	119.2	119.0	118.5	118.9	145.5	145.0	118.5	118.9
19:22:47	118.8	118.7	118.9	119.0	119.1	119.0	118.6	118.9	145.4	144.7	118.5	118.8
19:23:17	118.8	118.7	118.9	119.0	119.1	119.0	118.5	118.9	145.1	144.4	118.4	118.8
19:23:47	118.8	118.7	118.9	119.0	119.1	119.0	118.5	118.9	144.9	144.3	118.4	118.8
19:24:17	118.7	118.7	118.9	119.0	119.0	119.0	118.5	118.8	144.6	144.1	118.4	118.7
19:24:47	118.7	118.7	117.9	119.0	119.0	119.0	118.5	118.8	148.4	148.1	118.3	119.2
19:25:17	118.9	118.7	118.9	119.0	120.1	119.0	119.0	119.1	151.3	150.7	118.3	121.0
19:25:47	118.9	118.7	118.9	119.0	119.6	119.0	118.8	119.0	148.8	148.2	118.6	119.3
19:26:17	118.9	118.7	118.9	119.0	119.5	119.0	118.8	119.0	148.0	147.5	118.7	119.3
19:26:47	118.9	118.7	118.9	119.0	119.5	119.0	118.7	119.0	147.6	147.1	118.7	119.3
19:27:17	118.9	118.7	118.9	119.0	119.4	119.0	118.7	118.9	147.2	146.6	118.7	119.2
19:27:47	118.9	118.7	118.9	119.0	119.4	119.0	118.7	118.9	146.8	146.1	118.7	119.1
19:28:17	118.9	118.7	118.9	119.0	119.3	119.0	118.7	118.9	146.5	145.8	118.7	119.0
19:28:47	118.9	118.7	118.9	119.0	119.3	119.0	118.6	118.9	146.2	145.7	118.6	119.0
19:29:47	118.9	118.7	118.9	119.0	119.2	119.0	118.6	118.9	145.4	144.8	118.6	118.9
19:30:17	118.8	118.7	118.9	119.0	119.2	119.0	118.6	118.9	145.4	144.7	118.5	118.9

批　　号：C019-161116　　　　　　　　　　3-2　　　　　　　　袁书吉 2016.11.3

时间	T1	T2	T3	T4	T5	T6	T7	平均值	P1	P2	TL	TH
19:30:47	118.8	118.7	118.9	119.0	119.1	119.0	118.6	118.9	145.1	144.5	118.5	118.8
19:31:17	118.8	118.7	118.9	119.0	119.1	119.0	118.5	118.9	144.9	144.2	118.4	118.8
19:31:47	118.7	118.7	118.9	119.0	119.1	119.0	118.5	118.8	144.7	144.2	118.4	118.8
19:32:17	118.7	118.7	118.9	119.0	119.0	119.0	118.5	118.8	144.4	143.7	118.4	118.7
19:32:47	118.7	118.7	118.9	119.0	119.0	119.0	118.4	118.8	145.2	144.9	118.3	118.8
19:33:17	118.9	118.6	118.9	119.0	119.9	119.0	119.1	119.1	150.9	150.3	118.3	121.0
19:33:47	118.9	118.6	118.9	119.0	119.6	119.0	119.0	119.0	148.5	147.9	118.7	119.4
19:34:17	118.9	118.6	118.9	119.0	119.6	119.0	118.8	119.0	147.9	147.2	118.7	119.4
19:34:47	118.9	118.6	118.9	119.0	119.5	119.0	118.7	118.9	147.4	146.8	118.7	119.3
19:35:17	118.6	118.6	118.9	119.0	108.9	119.0	117.3	117.2	128.6	127.9	118.7	97.9
19:36:17	113.0	116.7	115.6	115.1	91.6	117.3	112.6	111.7	143.7	142.9	110.9	84.3
19:37:17	110.9	113.4	112.2	111.2	89.2	114.0	107.1	108.3	142.1	142.2	103.7	82.0
19:38:17	106.0	109.7	108.4	107.5	79.2	110.3	100.0	103.0	147.2	146.6	98.0	72.0
19:39:17	103.2	105.4	104.2	102.9	82.9	106.0	94.9	99.9	147.5	146.7	91.5	74.2
19:40:17	98.9	101.5	100.4	99.2	71.3	102.3	89.9	94.8	140.6	140.3	88.0	63.5
19:41:17	94.7	97.0	95.7	94.6	65.0	98.1	83.8	89.8	143.2	142.4	80.7	61.7
19:42:17	90.2	92.5	91.2	90.2	63.4	93.9	79.0	85.8	142.4	141.7	75.6	56.2
19:43:17	86.4	87.9	86.5	85.5	58.8	89.7	74.4	81.3	147.2	146.4	70.1	53.8
19:44:17	82.6	83.3	82.1	81.0	52.4	85.9	71.2	76.9	147.7	147.0	66.2	47.7
19:45:17	78.5	78.9	77.5	76.3	47.4	82.2	68.2	72.7	141.9	141.1	61.8	45.6
19:46:17	74.7	74.8	73.2	71.8	45.9	78.6	64.7	69.1	146.8	146.1	58.3	43.8
19:47:17	70.8	70.9	69.3	67.5	44.7	75.5	61.2	65.7	143.2	142.6	55.2	42.4
19:48:17	67.3	67.3	65.6	63.7	43.4	72.4	58.1	62.5	140.2	139.7	52.4	41.0
19:49:17	64.0	63.9	62.3	60.4	46.9	69.8	55.5	60.4	149.0	148.3	49.9	40.3
19:49:27	63.8	63.4	62.2	60.1	49.8	69.5	55.1	60.6	149.6	149.0	47.2	40.4
19:50:17	63.2	62.2	61.7	59.5	51.7	68.2	53.0	59.9	72.2	71.1	46.0	39.7
19:51:17	62.9	61.4	61.3	59.0	54.9	67.3	51.8	59.8	20.9	20.3	47.4	39.1
19:51:42	62.9	61.1	61.2	58.7	56.4	67.0	51.6	59.8	10.0	9.4	47.5	39.4

聂书志 2016.11.3

批　　号: C019-161116
品　　名: 盐酸左氧氟沙星氯化钠注射液
规　　格: 250ml/左氧氟沙星0.5g与氯化钠2.25g
灭菌温度: 118.0℃
灭菌时间: 1500秒
F0值设定: 12.0
冷却温度: 65℃

操作员号: 莫书吉
数　　量: 9903

日　期: 2016-11-03
以下是运行值:
升温时间: 2128秒
灭菌时间: 1500秒
冷却时间: 880秒
总时间: 4644秒

F01 21.0　　F02 20.0　　F03 19.9　　F04 20.6　　F05 27.2　　F06 19.3　　F07 19.7

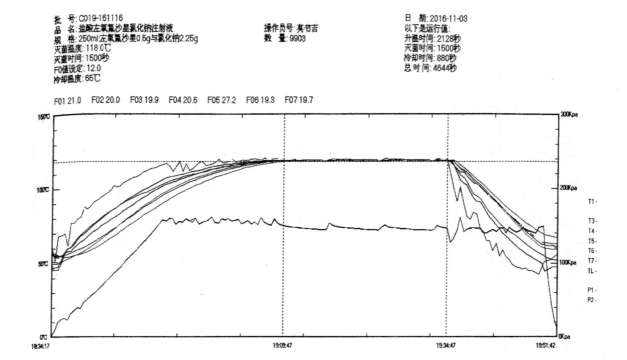

莫书吉 2016·11·3

受控
批生产记录

R·SC·01·020-02

大容量注射剂灯检操作记录

第1页 共2页

产 品 名 称	盐酸左氧氟沙星氯化钠注射液		
产 品 规 格	250ml:左氧氟沙星0.5与氯化钠2.25了	理 论 产 量	10400　瓶
产 品 批 号	C019-161116	操 作 日 期	2016年11月4日

生产操作前检查

检查项目	检查标准	检查结果
工作服穿着情况	着装规范	是☑ 否□
上批清场结果	合格，有清场合格证	是☑ 否□
设备状态	完好，已清洁	是☑ 否□
灯检要求	灯检台：不反光黑白色背景；	是☑ 否□
光照度	无色药液 1000-1500LX、有色药液 2000-3000LX	是☑ 否□

检查人/日期　柳红霞　2016.11.4　QA人员/日期　朱艳艳　2016.11.4

卸瓶操作

1、主要设备：XP100/500 型高速卸瓶机，编号：SY/F009

2、将灭菌车架推进卸瓶机框内，按顺序从上到下依次卸瓶。

3、卸瓶过程中，注意观察瓶身，如有不合格中间产品应及时剔除。

4、将待灯检产品通过传送带传至灯检岗位。

5、结束操作后，按一车间清场操作规程清场。

卸瓶破损量		瓶	灯检总量	9888	瓶

操作人/日期　王英强　2016.11.4　复核人/日期　柳玉素香　2016.11.4

灯检操作

1、主要设备：SDJ100/500 型灯检机，编号：SY/F006

2、用三步法在黑白背景下检查可见异物：操作人员手持瓶颈部按直、横、倒三步法旋转检视。（剔除有纤维、
块、玻璃屑、白点、色点等可见异物的不合格品）；旋转瓶身360度，检查瓶壁及瓶底是否有结石和裂纹、
胶塞与铝盖间是否夹有异物、轧盖质量等。

3、灯检剔除品逐项分类记入报表，统计数量并做好记录，将剔除品存集中销毁。

4、结束操作后，按一车间清场操作规程清场。

编　　号	①	②	③	④	⑤	⑩
姓　　名	柳红霞	高小秀	张丽花	王乙乔	徐柳兰	吴桂霞
编　　号	⑪	⑫	⑬			
姓　　名	刘金招	王春凡	蒙绸兰			

R·SC·01·020-02

大容量注射剂灯检操作记录

第2页 共2页

产品名称	盐酸左氧氟沙星氯化钠注射液
产品规格	250ml（左氧氟沙星0.5克，氯化钠2.25克）
产品批号	C01F-161116

<table>
<tr><th colspan="7">灯检记录</th></tr>
<tr><th>白点白块</th><th>色点色块</th><th>纤维</th><th>玻璃</th><th>装量次品</th><th>扎盖次品</th><th>结石破瓶</th></tr>
<tr><td>19 瓶</td><td>1 瓶</td><td>4 瓶</td><td>12 瓶</td><td>8 瓶</td><td>2 瓶</td><td>34 瓶</td></tr>
<tr><th>灯检总量</th><th colspan="2">灯检剔除品量</th><th colspan="2">包装总量</th><th colspan="2">剔除品去向</th></tr>
<tr><td>9888 瓶</td><td colspan="2">80 瓶</td><td colspan="2">9808 瓶</td><td colspan="2">收集药液送环保处理☑ 报废□</td></tr>
</table>

灯检合格率：包装总量/灯检总量×100%= 99.2 %。（灯检合格率控制范围：90%～100%）

操作人/日期	徐丽珍 2016.11.4	复核人/日期	杨红霞 2016.11.4

<table>
<tr><th colspan="2">清 场 记 录</th><th></th><th></th></tr>
<tr><th colspan="2">清 场 项 目</th><th>清场人检查结果</th><th>QA人员检查结果</th></tr>
<tr><td colspan="2">△清除灯检剔除品及废弃物置规定处。</td><td>✓</td><td>✓</td></tr>
<tr><td colspan="2">△清理并擦洗干净灯检输瓶走带及台面。</td><td>✓</td><td>✓</td></tr>
<tr><td colspan="2">△取下本批生产状态卡，及与下批生产无关的工艺文件，清离现场。</td><td>✓</td><td>✓</td></tr>
<tr><td colspan="2">△地面无积水，无与下批生产无关的遗留物。</td><td>✓</td><td>✓</td></tr>
<tr><td colspan="2">○擦净天棚、墙壁、门窗及拖净地板，废弃物清离现场，无遗留物。</td><td>—</td><td>—</td></tr>
</table>

"△"代表批清场，"○"代表日清场，"◇"代表换品种清场。符合要求检查结果栏内打"√"，不符合要求重新清场至合格。

清场人	张丽萍 刘金招	QA人员	于艳民	日期	2016年11月4日 12时05分

备注：

R·SC·01·021-01

大 容 量 注 射 剂 包 装 指 令

产品名称	盐酸左氧氟沙星氯化钠注射液		
产品规格	250ml: 左氧氟沙星 0.5g 与氯化钠 2.25g		
产品批号	C019-161116		
生产日期	2016 年 11 月 3 日	理论产量	10400 瓶

指令内容	包装规格: 250 ml × 30 瓶/箱
	领用标签量: 10504 张 批号: B11820161001 规格: 250 ml:0.5g
	领用说明书量: 1738 张 批号: B10120161002 规格: 250 ml:0.5g
	领用合格证（装箱单）量: 347 张 批号: H019-161002 规格: 250 ml:0.5g
	领用纸箱量: 347 套 批号: B12120161101 规格: 250ml ×30 瓶
	领用小盒量: ／ 个 批号: ／ 规格: ／
	用监管码量: ／ 张 批号: ／ 规格: ／
	指令执行负责人 _____ 执行日期: 2016 年 11 月 4 日
	车间工艺员: _____ 日 期: 2016 年 11 月 2 日
	车间主任: _____ 日 期: 2016 年 11 月 2 日
	QA 人员: _____ 日 期: 2016 年 11 月 4 日
备注	

受控
批生产记录
R·SC·01·022-02

大容量注射剂包装操作记录

第 1 页 共 3 页

产品名称	基础方舒沙钠氯化钠注射液		
产品规格	250ml:卡络磺钠氯化钠2×0.9	理论产量	10600 瓶
产品批号	C018-161116	操作日期	2016年11月4日

生产操作前检查

检查项目	检查标准	检查结果
工作服穿着情况	着装规范	是☑ 否□
上批清场结果	合格，有清场合格证	是☑ 否□
按生产指令核对物料	领取包装材料批号、供应商、规格、数量与指令一致	是☑ 否□
设备状态	完好，已清洁	是☑ 否□
主要设备	设备名称：SCM-L400型立式圆瓶贴签机　设备编号：SY/F019	☑
	设备名称：TZ300型直线式贴签机　　　设备编号：SY/F007	□
检查人/日期	2016.11.4	QA人员/日期　2016.11.4

包装过程

1、根据批指令打印标签内容，试机，位置内容符合规定后方可进行贴签。
2、打印电子监管码及产品批号、生产日期和有效期于箱签，按同一监管码两张贴一个纸箱的方式贴在纸箱上。
3、需装小盒的按指令在小盒上印上产品批号、生产日期和有效期。
4、将从灯检间传送出来的产品进行贴签操作。
5、按规定装箱操作程序装箱，摆放方式及数量应符合要求。
6、核对合格证上的品名、规格、数量、批号，并有装箱人及QA人员盖章，与说明书一起放置于纸箱内。
7、封箱后整齐摆置叉板上，用叉车入库。
8、包装过程中经常核对标签上打印的产品批号、生产日期和有效期是否清晰正确。
9、包装完成后，将包装材料结算，包装成品在24小时内必需入库。
10、将不合格标签、已打印剩余标签及类标签物交包装组长，待本批包装结束后统一进行销毁。
11、结束操作后，按一车间清场操作规程清场。

生产日期	2016.11.03	标签打印人	周东田	复核人	
产品批号	C018-161116	箱签打印人	云少莉	复核人	
有效期至	2018.10	纸盒打印人		复核人	

包装统计

包装起止时间	10时50分~12时00分		包装规格	250 ml ×	30 瓶/箱

包装总量	包装破损量	包装取样量	成品入库量	包装零头	零头去向
9808瓶	3 瓶	50 瓶	9750 瓶	5 瓶	环保处理☑ 报废□
代码 2	3	4	10		
装箱人 张燕如	甘格子	洪春花	梁美叹		
操作人/日期　　2016.11.4			复核人/日期　云少莉　2016.11.4		

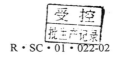

R·SC·01·022-02

大容量注射剂包装操作记录

第 2 页 共 3 页

产品名称	盐酸左氧氟沙星氯化钠注射液					
产品规格	250ml:左氧氟沙星0.5g与氯化钠2.25g			产品批号	COIP-161116	

包 装 材 料 使 用 情 况

包装材料	标签（张）	说明书（张）	纸盒（套）	纸箱（个）	合格证（张）	箱签（张）
供应商	海口九星彩印有限公司	海南新沅涞不干胶包装有限公司	/	海口张天强包装有限公司	海口嘉悦通彩印有限公司	/
批号	B1182016100l	B1012016100z		B1212016110l	H01P-161002	/
上批剩余量	22631	4472	/	363	562	/
本批领用量	/	/	/	/	/	/
包装用量	9800	1625	/	325	325	/
损耗量	20	/	/		3	/
样张量	1	1	/			/
剩余量	12810	2846	/	38	234	/
剩余去向	转下批使用 ☑ 退库 ☐	转下批使用 ☑ 退库 ☐	转下批使用 ☐ 退库 ☐	转下批使用 ☑ 退库 ☐	转下批使用 ☑ 退库 ☐	转下批使用 ☐ 退库 ☐

物料平衡率	计算公式：（包装用量+损耗量+样张量+剩余量）/（上批剩余量+本批领用量）×100% 平衡率控制要求：100%					
	标签（%）	说明书（%）	纸盒（%）	纸箱（%）	合格证（%）	箱签（%）
	100%	100%	/	100%	100%	/

记录人	谢成凡	复核人	云少莉	QA人员	李点良

清 场 记 录

清 场 项 目	清场人检查结果	QA人员检查结果
△清除废弃物置规定处。	✓	✓
△清理并擦洗干净包装台面及设备表面。	✓	✓
△取下本批生产状态卡，及与下批生产无关的工艺文件，清离现场。	✓	✓
△地面无积水，无与下批生产无关的遗留物。	✓	✓
○擦净天棚、墙壁、门窗及拖净地板，废弃物清离现场，无遗留物。	/	/
◇剩余包装材料退料。	/	/

"△"代表批清场，"○"代表日清场，"◇"代表换品种清场。符合要求检查结果栏内打"√"，不符合要求重新清场至合格。

清场人	谢成凡	QA人员	李点良	日期	2016年11月4日12时05分

R・SC・01・022-02

大容量注射剂包装操作记录

第3页 共3页

产品名称	*盐酸左氧氟沙星氯化钠注射液*	
产品规格	*250ml:左氧氟沙星0.5g与氯化钠2.25g*	产品批号 *C019-161116*

包装材料样张粘贴处

250ml:0.5g
(按左氧氟沙星计)

海力健®
盐酸左氧氟沙星氯化钠注射液
Levofloxacin Hydrochloride and Sodium Chloride Injection

【规格】250ml:左氧氟沙星0.5g与氯化钠2.25g
【批准文号】国药准字H20051084

【生产日期】 2016.11.03
【产品批号】 C019-161116
【有效期】至 2018.10

严禁用于食品和饲料加工
海南华拓天涯制药有限公司制造®

核准日期:2006年11月20日
修改日期:2007年12月27日
　　　　2009年06月02日
　　　　2010年09月21日
　　　　2010年10月01日
　　　　2011年05月28日
　　　　2012年12月31日

盐酸左氧氟沙星氯化钠注射液说明书
请仔细阅读说明书并在医师指导下使用。

备注:

大容量注射剂生产过程质量控制点检查记录(二级区)

品　名	盐酸左氧氟沙星氯化钠注射液			批　号	C019-161116			
规　格	250ml: 左氧氟沙星 0.5 g 与氯化钠 2.25g			检查日期	2016 年 11 月 3 日			

工　序	控制点	控制项目	企业内控质量标准	检查时间	检查结果		
					合格	不合格	已纠正
瓶精洗	注射用水	可见异物	均应无明显可见异物及微细可见异物	17:16	✓		
	精洗后的输液瓶	可见异物		17:09	✓		
胶塞清洗	清洗后的丁基塞	可见异物	应无明显可见异物及微细可见异物	17:02	✓		
稀配	药液	含量	均应符合各品种中间产品质量标准项下的规定	17:10	✓		
		pH值等		17:10	✓		
		性状		17:10	✓		
灌装	灌装后中间产品	装量	500ml:500~520ml 250ml:250~265ml 200ml:200~210ml 100ml:100~105ml 50ml:51~55ml	17:23	✓		
		可见异物	应无明显可见异物及微细可见异物	17:26	✓		
加塞	加塞后中间产品	外观	应居中、到位	17:36	✓		

异常情况处理：

QA人员：吴海波

注：检查结果符合要求的在合格项下打"√"，不符合要求的在不合格项下打"√"，处理后符合要求的在已纠正项下打"√"。

R·ZB·00·019-01

大容量注射剂生产过程质量控制点检查记录（D级区）

品名	盐酸左氧氟沙星氯化钠注射液			批　号	C019-161116		
规格	250 ml：左氧氟沙星0.5g 与氯化钠2.25g			检查日期	2016 年11月3日		
工序	质量控制点	控制项目	企业内控质量标准	检查时间	检查结果		
					合格	不合格	已纠正
称量	原辅料称量	复核制	应有双人复核	14:42	✓		
轧盖	轧盖	外观	平正、无花边	17:42	✓		
				—			
				—			
		扭力矩	>0.5N·m	17:45	✓		
				—			
				—			

异常情况处理：

QA人员：

吴海波

注：检查结果符合要求的在合格项下打"√"；不符合要求的在不合格项下打"√"，处理后符合要求的在已纠正项下打"、"。

R·ZB·00·020-01

大容量注射剂生产过程质量控制点检查记录（ 一般生产区）

品　名			盐酸左氧氟沙星氯化钠注射液		批　号	0019-161116		
规　格			250 ml：左氧氟沙星0.5 g 与氯化钠2.25 g					
工　序	质量控制点	控制项目	企业内控质量标准	检查日期及时间	检查结果			
					合格	不合格	已纠正	
灭菌	灭菌参数	压力、温度、时间	与相应品种的工艺要求相符	2016.11.3　19:14	✓			
灯检	灯检后产品	可见异物	应无明显可见异物及微细可见异物	2016.11.4　11:02	✓			
包装	贴签	外观	应平整端正、牢固、无翘角，贴签歪斜<2mm	2016.11.4　10:56	✓			
	标签	内容、数量、使用记录	生产批号与有效期打印应准确、清晰；标签领用量应与实际用量相符，并有使用记录	2016.11.4　10:52	✓			
	装箱	数量、装箱单、说明书、外观	装箱数量应准确，合格证（装箱单）、说明书装放符合要求，封箱及箱签均应牢固、端正。	2016.11.4　10:58	✓			

异常情况处理：	QA人员：

注：检查结果符合要求的在合格项下打" √ "，不符合要求的在不合格项下打"×"，处理后符合要求的在已纠正项下打"√"。

受控
批生产记录

R·SC·01·026-01

工 艺 查 证 记 录

产品名称	葡萄糖氯化钠注射液氯化钠注射液		生产批号	C018-161116	
规 格	250ml注射氯化钠0.9%氯化钠2.5g		生产日期	2016年11月3日	
查证岗位	工艺查证内容			查 证 情 况	
				符合要求	偏差
洗 瓶	1、工艺卫生 2、工艺纪律 3、注射用水可见异物 4、输液瓶洁净度 5、冲水压力			✓	—
胶塞清洗	1、工艺卫生 2、工艺纪律、3 塞洁净度			✓	—
配 药	1、工艺卫生 2、工艺纪律 3、配药记录与生产指令相符 4、工艺参数准确			✓	—
灌装压塞	1、工艺卫生 2、工艺纪律 3、装量抽查、压塞平整严密			✓	—
轧 盖	1、工艺卫生 2、工艺纪律 3、轧盖扭力检查、外观			✓	—
灭 菌	1、工艺卫生 2、工艺纪律 3、灭菌温度、压力、时间、Fo 值 4、装载品不混批			✓	—
灯 检	1、工艺卫生 2、工艺纪律 3、光源照度 4、剔除品的存放			✓	—
包 装	1、工艺卫生 2、工艺纪律 3、标签、规格、批号正确 4、装箱准确及混批情况			✓	—
原始记录	整洁、清楚、真实			✓	—
查证结论	符合要求		查证人	查若词	
备注					

注：查证时符合要求则在"符合要求"项下划"√"，"偏差"项下划"—"；如果有偏差现象则在"偏差"项下划"√"，"符合要求项下划"—"。有偏差时马上纠正，且在备注栏中注明。

R・SC・01・023-03

大容量注射剂产品物料衡算表

产品名称	葡萄糖氯化钠多碳氧化钠注射液	包装规格	30 瓶/箱
产品规格	250ml:葡萄糖量多氧氧化钠 2.97	理论产量	108000 瓶
产品批号	C019-161116	日 期	2016 年 11月 3 日

工序名称	物料平衡计算	合格范围	实际平衡
理瓶	输液瓶平衡率=（使用量＋废瓶量＋结余量）/（领用量＋上批结余量）×100%=	97%-100%	100%
灌装	药液平衡率=（灌装总量×平均装量+药液残余量+配制送检量）/配制总量×100%=	98%-102%	99.4%
压塞	胶塞平衡率=（灌装使用量＋损耗量＋本次生产结余量）/（领用量＋上次生产结余量）×100%=	97%-100%	100%
轧盖	铝盖平衡率=（铝盖使用量+铝盖损耗量+铝盖剩余量）/（铝盖领用量+上批结余量）×100%=	97%-100%	100%
灯检	灯检合格率：包装总量/灯检总量×100%=	90%-100%	99.2%
包装	标签平衡率=（包装用量+损耗量+样张量+剩余量）/（上批剩余量+本批领用量）×100% =	100%	100%
	小盒平衡率=（包装用量+损耗量+剩余量）/（上批剩余量+本批领用量）×100% =	100%	/
	合格证平衡率=（包装用量+损耗量+剩余量）/（上批剩余量+本批领用量）×100% =	100%	100%
	说明书平衡率=（包装用量+损耗量+样张量+剩余量）/（上批剩余量+本批领用量）×100% =	100%	100%
	纸箱平衡率=（包装用量+损耗量+剩余量）/（上批剩余量+本批领用量）×100% =	100%	100%
	箱签平衡率=（（包装用量+损耗量+剩余量）/（上批剩余量+本批领用量）×100% =	100%	/
	成品率=（成品入库量＋包装取样量＋无菌检查取样量)/理论产量×100% =	90%-100%	94.3%

偏差处理	偏差情况：	□有	□无		
统计人		复核人		QA 人员	

备注：

R·ZB·00·017-01

成品审批放行表

产品名称	盐酸左氧氟沙星氯化钠注射液	批　号	C019-161116	
规　格	250ml：左氧氟沙星 0.5g 与氯化钠 2.25g	入库数量	9750	瓶
生产日期	2016 年 11 月 3 日	有效期至	2018 年 10 月	

批生产、检验记录审核内容	是	否
生产是否按照生产指令与产品工艺规程执行	√	
生产指令是否符合要求、计算是否正确	√	
物料名称、批号、数量是否正确	√	
生产所使用的各种原辅料、包装材料是否均具有检验报告	√	
称量是否执行双人复核、复查制	√	
物料损耗是否正常	√	
物料平衡计算结果是否在规定范围内	√	
对各工序的检查结果是否符合要求	√	
清场是否符合规定	√	
中间产品检验结果是否符合企业内控质量标准要求	√	
环境和人员的监测是否符合要求	√	
检验项目是否齐全	√	
检验记录书写是否工整、计算是否正确	√	
检验是否执行双人复核、复查制	√	
成品检验结果是否符合国家和企业内控质量标准	√	
生产、检验过程中的偏差是否都经过调查	√	

审核人	李倩	审核日期	2016 年 11 月 18 日

审批意见：

同意出厂

批准人：

2016 年 11 月 18 日

注：根据各项审核内容的审核结果，在"是"或"否"栏打"√"。

第二节　药品批检验记录

2202l0~1091
1601-01C022

注 射 剂 批 检 验 记 录

品　　名：　盐酸左氧氟沙星氯化钠注射液

规　　格：　250 ml：左氧氟沙星 05 g 与氯化钠 2.25 g

批　　号：　C019-160119

检验日期：　2016 年 1 月 12 日

报告日期：　2016 年 1 月 27 日

中心化验室主任：　冼恩侠

质 量 部 经 理：　李　佳

制药有限公司

R·JY·09·002-02

中间产品检验记录

检验单号：1601-013022　　　　　　　　　　　第 1 页 共 2 页

检品名称	盐酸左氧氟沙星氯化钠溶液	检品来源	一车间
规　　格	250ml:左氧氟沙星0.5g与氯化钠2.25g	检验依据	STP·ZJ·00·004-03（标准规定）
批　　号	C019-160119	检验日期	2016 年 1 月 12 日
本批数量	2605mL	检验项目	性状、pH值、含量测定

[性状] 本品为淡黄绿色澄明液体.

标准规定：应为淡黄绿色或黄绿色澄明液体。

结论：　符合规定☑　　　　　　　不符合规定□

pH 值：取本品适量，照《pH值测定法》测定

仪器：酸度计　　　　型号：PB-10　　　校正情况—温度：22 ℃

磷酸盐标准缓冲液　（批号：151021）:6.88　　　斜率:100.0%　（应为100%）

苯二甲酸盐标准缓冲液（批号：151021）:4.00　　斜率:99.4%　（应为90%~105%）

测定样品 pH 值：

（1）4.92　　　　　　（2）4.90　　　　　平均：4.9

标准规定：应为：4.5~5.5。

结论：　符合规定☑　　　　　　　不符合规定□

[含量测定] 氯化钠：精密量取本品10ml两份，各加水40ml，加2%糊精溶液（批号：160108 ）

5ml、碳酸钙少许与荧光黄指示液（批号：151223 ）8滴，摇匀，用硝酸银滴定液(0.1mol/L，

F=1.028 ，批号：151111)滴定，消耗滴定液的量 V 为：

（1）V₁= 15.30　ml　　　　（2）V₂= 15.32　ml

$$计算：（1）\frac{15.30 \times F \times 5.844 \times 10^{-3} - (58.44/361.37) \times (0.5/250) \times 10 \times 103.6\ \%}{10 \times (2.25/250)} \times 100\% = 98.41\%$$

$$（2）\frac{15.32 \times F \times 5.844 \times 10^{-3} - (58.44/361.37) \times (0.5/250) \times 10 \times 103.6\ \%}{10 \times (2.25/250)} \times 100\% = 98.54\%$$

平均值：98.5%　　　相对平均偏差：0.07%

标准规定：含氯化钠应为标示量的98.0%~105.0%。

结论：　符合规定☑　　　　　不符合规定□

检验者	林祯元	复核者	（签名）

R・JY・09・002-02

中间产品检验记录

检验单号：*160-013022*　　　　　　　　　　　　　　　　　　第2页 共2页

检品名称	盐酸左氧氟沙星氯化钠溶液	批　　号	*C019-160119*
规　　格	250ml：左氧氟沙星 0.5g 与氯化钠 2.25g	检验日期	*2016* 年 *1* 月 *12* 日

[含量测定] 左氧氟沙星

对照品（含左氧氟沙星 C$_{对}$：*97.1%*　　　　批号：*130455-201106* 来源：*中检院*　　）

对照品溶液制备：$\begin{array}{l}12.41936\\ \underline{12.39356}\\ 0.02580g\end{array}$ $\xrightarrow{\text{加 0.1mol/L 的 HCl 溶液}}$ *100* ml $\xrightarrow[\text{0.1mol/L 的 HCl 溶液}]{\text{取 2 ml}}$ *100* ml

供试品溶液制备：取本品 *5* ml $\xrightarrow{\text{加 0.1mol/L 的 HCl 溶液}}$ *100* ml $\xrightarrow[\text{0.1mol/L 的 HCl 溶液}]{\text{取 5 ml}}$ *100* ml

照《紫外-可见分光光度法测定 SOP》在 293nm 波长处测定吸收度：

仪器：紫外-可见分光光度仪　　型号：*TU-1901*　　仪器：电子天平　　型号：*CPA225D*

A$_{对}$：　1-1 *0.4527*　　　　1-2 *0.4531*　　　　平均 $\overline{A/g}$：*87771.318*

A$_{供}$：　1-1 *0.4682*　　　　1-2 *0.4680*

计算：（1）$\dfrac{0.4682 \times C_{对}}{\overline{A/g} \times (5/100) \times (5/100) \times (0.5/250)} \times 100\% = 103.59\%$

（2）$\dfrac{0.4680 \times C_{对}}{\overline{A/g} \times (5/100) \times (5/100) \times (0.5/250)} \times 100\% = 103.55\%$

平均值：*103.6%*　　　相对平均偏差：*0.02%*

标准规定：含左氧氟沙星应为标示量的 95.0%~105.0%。

结论：　符合规定 ☑　　　　　不符合规定 □

检验者	*林禄苑*	复核者	*洪恩来*

中间产品检验报告单

检验单号：1601-01J022

检品名称	盐酸左氧氟沙星氯化钠溶液	收检日期	2016 年 1 月 12 日
批　　号	C019-160119	报告日期	2016 年 1 月 12 日
规　　格	250ml：左氧氟沙星 0.5g 与氯化钠 2.25g	检品来源	一车间
本批数量	260 万 ml	检验依据	STP·ZJ·00·004-03
检验项目	性状、PH 值、含量测定		

检验项目	标准规定	检验结果
[性状]	应为淡黄绿色或黄绿色澄明液体	为淡黄绿色澄明液体
[检查]		
pH 值	应为 4.5-5.5	4.9
[含量测定]		
氯化钠	应为标示量的 98.0%~105.0%	98.5%
左氧氟沙星	应为标示量的 95.0%~105.0%	103.6%

结　论	本品按 STP·ZJ·00·004-03 检验，　结果　符合规定。				
检验人	林祿芫	复核人	岽惫侠	质量部门负责人	李佳

R·JY·09·003-02

成　品　检　验　记　录

检验单号：1601-01C022　　　　　　　　　　　　第 1 页 共 6 页

检品名称	盐酸左氧氟沙星氯化钠注射液	检品来源	一 车 间
规　格	250ml：左氧氟沙星0.5g与氯化钠2.25g	检验依据	WS₁-（X-121）-2004Z
批　号	C019-160119	内控标准	STP·CP·00·004-02（标准规定）
本批数量	9845瓶	检验项目	①性状、②鉴别(1)、③鉴别(2)

[性状] 本品为淡黄绿色澄明液体。

标准规定：应为淡黄绿色或黄绿色澄明液体。

结论：符合规定☑　　不符合规定□　　　检验日期：2016年1月13日

[鉴别]（1）系统条件：十八烷基硅烷键合硅胶为填充剂；

流动相：硫酸铜 D-苯丙氨酸溶液（取 D-苯丙氨酸 1.32g 与硫酸铜 1g，加水 1000ml 溶解后，用氢氧化钠试液调节 pH 值至 3.5）（批号：160118　　）-甲醇（ 82:18 ）（批号：160118　　）

检测波长：293nm　　柱温：40℃　　进样量：20μl

仪器：高效液相色谱仪　型号：LC-1760（四）　仪器：电子天平　型号：CPA225D

氧氟沙星对照品（含氧氟沙星C对：99.5 %　批号：130454-201206　来源：中检院）

氧氟沙星对照品溶液制备：称氧氟沙星对照品 10.86 mg →加流动相 50 ml →取 5 ml →加流动相 25 ml

供试品溶液制备：取本品 1 ml →加流动相 160118 100 ml

系统适用性：取氧氟沙星对照品溶液（批号：160119 王珍珍 2016.1.19）20μl注入液相色谱仪，右氧氟沙星、左氧氟沙星依次流出，理论板数按左氧氟沙星峰计算 ＞2500（应不低于2500），右、左旋异构体峰之间的分离度 ＞1.5（应大于1.5）。

照《高效液相色谱法测定法》检测，记录色谱图：

供试品溶液主峰的保留时间：12.128 min 与氧氟沙星对照溶液中左氧氟沙星峰的保留时间：12.130 min 一致。

标准规定：供试品溶液主峰保留时间应与氧氟沙星对照溶液中左氧氟沙星峰保留时间一致。

结论：符合规定☑　　不符合规定□　　　检验日期：2016年1月19日

（2）氯化物：取本品适量，加稀硝酸（批号：151230　）使成酸性后，滴加硝酸银试液（批号：160112　），生成白色凝乳状沉淀 分离，沉淀加氨试液（批号：160106　）即溶解，再加稀硝酸（批号：151230　）酸化后，沉淀复生成。

标准规定：应生成白色凝乳状沉淀，即溶解，沉淀复生成。

结论：符合规定☑　　不符合规定□　　　检验日期：2016年1月13日

检验者	王珍珍	复核者	沈国庆

成 品 检 验 记 录

检验单号：1601-01C022　　　　　　　　　　　　　　　　　　第2页 共6页

检品名称	盐酸左氧氟沙星氯化钠注射液	批　　号	C019-160119
规　　格	250ml：左氧氟沙星0.5g与氯化钠2.25g	检验项目	④鉴别(3)、⑤pH值、⑥颜色、⑦可见异物

（3）钠盐：取铂丝，用盐酸湿润后，蘸取本品，在无色火焰中燃烧，火焰显 鲜黄 色。

　　标准规定：应显鲜黄色。

　　结论：　符合规定☑　　　　不符合规定□　　　　检验日期：2016年1月13日

[检查]

pH值：取本品适量，照《pH值测定法》测定

仪器：酸度计　　　　　　型号：PB-10　　　　校正情况—温度：22 ℃

磷酸盐标准缓冲液（批号：151021）：6.88　　斜率：100.0%　（应为100%）

苯二甲酸盐标准缓冲液（批号：151021）：4.00　　斜率：99.0%　（应为90%~105%）

测定样品pH值：

　　　　　　（1）4.93　　　　　（2）4.94　　　　平均：4.9

　　标准规定：应为：4.1~5.9。

　　结论：　符合规定☑　　　　不符合规定□　　　　检验日期：2016年1月13日

颜　色：取本品5瓶，分别加水制成每1ml中含1mg的溶液，照《紫外-可见分光光度法测定法》在450nm波长处测定吸光度　　　　仪器：紫外-可见分光光度计　型号：TU-1901

（1）0.0020　　（2）0.0021　　（3）0.0022　　（4）0.0023　（5）0.0024

　　标准规定：不得过0.023。

　　结论：　符合规定☑　　　　不符合规定□　　　　检验日期：2016年1月13日

可见异物：取本品20瓶，照《可见异物检查法》检查，结果为：

仪器：澄明度测试仪　　　型号：CM-1

明显可见异物：未检出　　　　　　微细可见异物：未检出

　　标准规定：20瓶供试品中均不得检出明显可见异物。如检出微细可见异物的供试品仅有1瓶，应另取20瓶同法复试，均不得检出。

　　结论：　符合规定☑　　　　不符合规定□　　　　检验日期：2016年1月13日

检验者	王玲玲	复核者	冯思康

R・JY・09・003-02

成品检验记录

检验单号：1601-01C022   第3页 共6页

检品名称	盐酸左氧氟沙星氯化钠注射液	批　　号	C019-160119
规　　格	250ml: 左氧氟沙星 0.5g 与氯化钠 2.25g	检验项目	⑧有关物质

有关物质：

系统条件：十八烷基硅烷键合硅胶为填充剂；　　　　色谱柱规格：150 ×4.6mm

流动相：已烷磺酸钠溶液[取已烷磺酸钠 0.98g，加磷酸盐缓冲液（取磷酸二氢钾 6.8g，加水溶解并稀释至 1000ml，加 0.05mol/L 磷酸溶液约 500ml，使 pH 值至 2.4）（批号：160115 ）1000ml 使溶解，摇匀，即得]：甲醇（ 68:32 ）（批号：160115 ）

检测波长：293nm　　　　　　柱温：40℃　　　　　　进样量：10μl

系统适用性：取左氧氟沙星对照品的水溶液（1→1000）10ml 置一试管中，用日光灯（3500lx）照射 3 小时（批号：151220），取此液 10μl 注入液相色谱仪，记录色谱图，杂质峰相对于主峰保留时间的倍数为 1.18 （应约为 1.2），其峰面积分别为（1）50125.1172（2）50153.6484（3）50262.9844（4）50183.1758 ，相对标准偏差为 0.1% （应不得过 2.0%）。

供试品溶液制备：取本品 25 ml ——加流动相→ 100 ml

对照溶液制备：取供试品 1 ml ——加流动相→ 100 ml

照《高效液相色谱法测定法》检测，记录色谱图至主成份峰保留时间的 2 倍：

仪器：高效液相色谱仪　　型号：LC-1260(E)

各杂质峰面积和 $A_{杂}$：68.7136 ＜ 对照溶液主峰面积 $A_{对}$：286.5198

计算：$\dfrac{A_{杂}}{A_{对}} \times 1\% =$ 0.24%

标准规定：各杂质峰面积和不得大于对照溶液的主峰面积。

结论：符合规定 ☑　　　　不符合规定 □　　　　检验日期：2016 年 1 月 16 日

检验者	黄玉红	复核者	汪国荣

R·JY·09·003-02

成 品 检 验 记 录

检验单号：1601-01C022

检品名称	盐酸左氧氟沙星氯化钠注射液	批　号	C019-160119
规　格	250ml：左氧氟沙星 0.5g 与氯化钠 2.25g	检验项目	⑨光学异构体、⑩装量、⑪重金属

光学异构体：

系统条件：十八烷基硅烷键合硅胶为填充剂；　　　　色谱柱规格：150 ×4.6mm

流动相：硫酸铜 D-苯丙氨酸溶液（取 D-苯丙氨酸 1.32g 与硫酸铜 1g，加水 1000ml 溶解后，用氢氧化钠试液调节 pH 值至 3.5）（批号：160118　）-甲醇（ 82：18 ）（批号：160118　　）

检测波长：293nm　　　　柱温：40℃　　　　进样量：20μl

氧氟沙星对照品（含氧氟沙星 C 对：99.5 % 批号：130454-201206　来源：中检院）

氧氟沙星对照品制备：称氧氟沙星对照品 10.86 mg ——加流动相——→ 50 ml

供试品溶液制备：取本品 25 ml ——加流动相——→ 50 ml

对照溶液制备：取供试品 1 ml ——加流动相——→ 100 ml

系统适用性：取氧氟沙星对照品溶液（批号：160118　　）20μl 注入液相色谱仪，右氧氟沙星、左氧氟沙星依次流出，理论板数按左氧氟沙星峰计算 ＞2500（应不低于 2500），右、左旋异构体峰之间的分离度 ＞1.5（应大于 1.5）。

照《高效液相色谱法测定法》检测，记录色谱图：

仪器：高效液相色谱仪　型号：LC-1260(四)　　仪器：电子天平　　型号：CPA225D

右氧氟沙星峰面积 A右：346.1622　＜　对照溶液主峰面积 A对：1207.7614

标准规定：右氧氟沙星峰面积不得大于对照溶液的主峰面积。

结论：　符合规定☑　　　不符合规定□　　　检验日期：2016 年 1 月 18 日

装　量：取本品 3 瓶，照《最低装量检查法》检查：

（1）253 ml　　（2）252 ml　　（3）254 ml　　平均：253 ml

标准规定：每个容器装量不少于标示装量的 97%，平均装量不少于标示装量。

结论：　符合规定☑　　　不符合规定□　　　检验日期：2016 年 1 月 13 日

重金属：取本品 20ml 置水浴上蒸干，残渣依《重金属检查法》检查，颜色 浅于 由标准铅溶液（批号：160113　）2.0ml 用同法制成的对照管颜色。

标准规定：应浅于（不得过千万分之十）。

结论：　符合规定☑　　　不符合规定□　　　检验日期：2016 年 1 月 13 日

检验者	王珍珍	复核者	（签名）

R·JY·09·003-02

成 品 检 验 记 录

检验单号：l60l-0lC0ZZ

检品名称	盐酸左氧氟沙星氯化钠注射液	批　号	C0l9-l60ll9
规　格	250ml: 左氧氟沙星 0.5g 与氯化钠 2.25g	检验项目	⑫含量测定(氯化钠)

[含量测定]

氯化钠：精密量取本品 10ml 两份，各加水 40ml，加 2%糊精溶液（批号：l60l08　）5ml、碳酸钙少许与荧光黄指示液（批号：l5lZZ3　）8 滴，摇匀，用硝酸银滴定液(0.1mol/L，F= l.0l3　，批号：l60llZ)滴定，消耗滴定液的量 V 为：

（1）$V_1=$ l5.5l ml　　　　　（2）$V_2=$ l5.5Z ml

计算：(1)

$$\dfrac{\text{l5.5l} \times F \times 5.844 \times 10^{-3} - (58.44/361.37) \times (0.5/250) \times 10 \times \text{l0l.3} \%}{10 \times (2.25/250)} \times 100\% = 98.38\%$$

(2)

$$\dfrac{\text{l5.5Z} \times F \times 5.844 \times 10^{-3} - (58.44/361.37) \times (0.5/250) \times 10 \times \text{l0l.3} \%}{10 \times (2.25/250)} \times 100\% = 98.45\%$$

平均值：98.4%　　　　　相对平均偏差：0.04%

标准规定：含氯化钠应为标示量的 96.0%~106.0%。

结论：　符合规定☑　　　　不符合规定□　　　　检验日期：2016 年 1 月 18 日

检验者	王珍珍	复核者	苌恩东

R·JY·09·003-02

成 品 检 验 记 录

检验单号：1601-01C022　　　　　　　　　　　　　　第6页 共6页

检品名称	盐酸左氧氟沙星氯化钠注射液	批　　号	C019-160119
规　　格	250ml: 左氧氟沙星0.5g 与氯化钠2.25g	检验项目	⑬含量测定(左氧氟沙星)

[含量测定]左氧氟沙星

对照品(含左氧氟沙星 C对：97.1 %　批号：130455-201106来源：中检院)

色谱条件：十八烷基硅烷键合硅胶为填充剂；　　色谱柱规格：150 ×4.6mm

流动相：已烷磺酸钠溶液[取已烷磺酸钠0.98g，加磷酸盐缓冲液(取磷酸二氢钾6.8g，加水溶解并稀释至1000ml，加0.05mol/L 磷酸溶液约500ml，使pH值至2.4)(批号：160115)1000ml 使溶解，摇匀，即得]：甲醇(68 : 32)(批号：160115)

检测波长：293nm　　　　柱温：40℃　　　　进样量：10µl

系统适用性：取左氧氟沙星对照品的水溶液(1→1000)10ml 置一试管中，用日光灯(3500lx)照射3小时(批号：151220)，取此液10µl注入液相色谱仪，记录色谱图，杂质峰相对于主峰保留时间的倍数为 1.18 (应约为1.2)，其峰面积分别为(1) 50125.1172 (2) 50153.6484 (3) 50262.9844 (4) 50183.1758 ，相对标准偏差为 0.1% (应不得过2.0%)。

对照品溶液制备：(1) 2.94626　(2) 2.92129　加0.03mol/L 的 HCl 溶液 → 25ml 取 5ml 加流动相 → 50ml
　　　　　　　　　　2.92129　　　2.89621
　　　　　　　　　　0.024979　　0.025089

供试品溶液制备：取本品 5mL 加流动相 → 100mL

照《高效液相色谱法测定法》测定峰面积A：

仪器：高效液相色谱仪　型号：LC-1260(王)　　仪器：电子天平　型号：CPA225D

对照品（mg）		溶解至(ml)	取样(ml)	稀释至(ml)		
①	24.97	25	5	50		
②	25.08	25	5	50		
C对	97.1%		A/mg			A/mg
A对 1-1	5474.3125	54808.896	1-2	5483.2881		54898.760
2-1	5488.8237	54713.155	2-2	5478.5405		54610.651
	A/mg:	54757.865	RSD: 0.23%			

供试品	规格		取样(ml)	稀释至(ml)	
	g	0.5	5	100	
	ml	250			
A供 1-1		5713.1089	1-2		5718.3281
2-1		5712.9771	2-2		5712.8560

计算：

$$\frac{A供 \times C对}{\overline{A/mg} \times (5/100) \times (0.5/250) \times 1000} \times 100\%$$

结果：	1-1:	101.31%	1-2:	101.40%
	2-1:	101.31%	2-2:	101.30%

平均：101.3%　　　　　RSD: 0.05%

标准规定：　含左氧氟沙星应为标示量的91.0%-109.0%。

结　论：符合规定 ☑　不符合规定 □　检验日期：2016 年 1 月 15 日

检验者	苏而邦	复核者	(签名)

数据文件: E:\盐酸左氧氟沙星氯化钠注射液\2016年\鉴别\左氧鉴别 2016-01-19 11-13-49\001-0103.D
样品名称: 氧氟沙星对照品　　　　10.86mg　王珍珍　2016.1.19
仪器: 1260LC（四）　　　　　　　　　　位置: 样品瓶 1
进样日期: 2016/1/19 11:46:30　　　　　进样: 3 of 3
进样量: 20.000
采集方法: 盐酸左氧氟沙星氯化钠注射液 鉴别.M
分析方法: 盐酸左氧氟沙星氯化钠注射液 鉴别.M

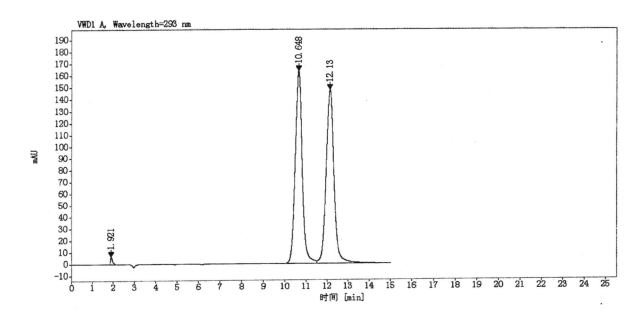

信号: VWD1 A, Wavelength=293 nm

峰_保留时间	峰宽 [分钟]	面积%	峰面积	峰高	峰_理论塔板_USP	峰_分离度_经典
1.921	0.1110	0.6716	51.2314	6.7898	1926.15914	
10.648	0.3466	48.7341	3717.6641	163.8895	5472.75654	23.37395
12.130	0.3958	50.5944	3859.5764	148.2191	5570.04452	2.42812
		总和	7628.4719			

右旋异构=10.648 min

左旋异构=12.130 min

数据文件:　E:\盐酸左氧氟沙星氯化钠注射液\2016年\鉴别\左氧鉴别 2016-01-19 11-13-49\004-0401.D

样品名称:　左氧　250ml:0.5g:2.25g　C019-160119　　　王珍珍　2016.1.19

仪器:　1260LC(四)　　　　　　　　　　　　位置:　样品瓶 4

进样日期:　2016/1/19 12:34:15　　　　　　进样:　1 of 1

进样量:　20.000

采集方法:　盐酸左氧氟沙星氯化钠注射液 鉴别.M　　　分析方法:　盐酸左氧氟沙星氯化钠注射液 鉴别.M

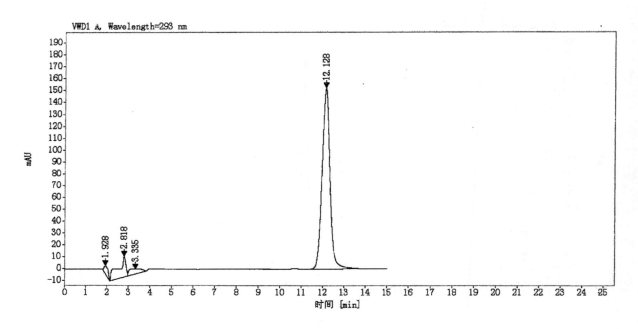

信号:　　VWD1 A, Wavelength=293 nm

峰_保留时间	峰宽 [分钟]	面积%	峰面积	峰高	峰_理论塔板_USP	峰_分离度_经典
1.928	0.2012	2.0518	94.8559	6.2809	631.14204	
2.818	0.3200	9.5331	440.7237	17.5476	1591.48001	2.47993
3.335	0.4873	3.7761	174.5731	4.2493	224.49893	0.62039
12.128	0.3928	84.6389	3912.9155	152.2864	5594.37367	8.66298
	总和		4623.0682			

数据文件：　E:\2016\盐酸左氧氟沙星氯化纳注射液\系统适用性\左氧系统适用性 2016-01-15 09-19-38\091-0102.D
样品名称：　左氧系统适用性 1
仪器：　　　1260LC(五)　　　　　　　　　　　位置：　　样品瓶 91
进样日期：　2016/1/15 9:38:48　　　　　　　　进样：　　2 of 5
进样量：　　10.000
采集方法：　盐酸左氧氟沙星氯化钠注射液系统适用　　分析方法：　盐酸左氧氟沙星氯化钠注射液系统适用性.M
　　　　　　性.M

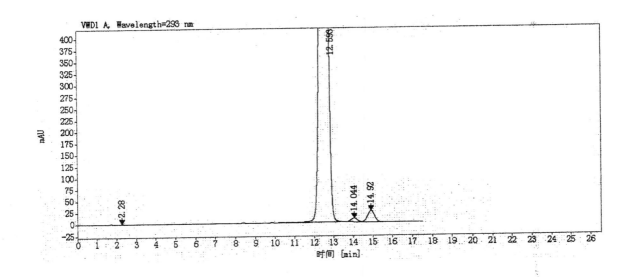

信号：　　　VWD1 A, Wavelength=293 nm

保留时间 [分钟]	峰宽 [分钟]	峰面积	峰高	面积%	峰_分离度_USP
2.280	0.0748	9.3498	1.9206	0.0184	
12.593	0.3561	50125.1172	2214.3264	98.4643	29.10130
14.044	0.3426	175.2542	8.0620	0.3443	2.49283
14.920	0.3750	597.1602	24.7929	1.1730	1.43112
	总和	50906.8814			

数据文件：　E:\2016\盐酸左氧氟沙星氯化纳注射液\系统适用性\左氧系统适用性 2016-01-15 09-19-38\091-0103.D
样品名称：　左氧系统适用性　2
仪器：　　　1260LC（五）　　　　　　　　　　　　　　位置：　　　样品瓶 91
进样日期：　2016/1/15 9:57:06　　　　　　　　　　　进样：　　　3 of 5
进样量：　　10.000
采集方法：　盐酸左氧氟沙星氯化钠注射液系统适用　　　分析方法：　盐酸左氧氟沙星氯化钠注射液系统适用性.M
　　　　　　性.M

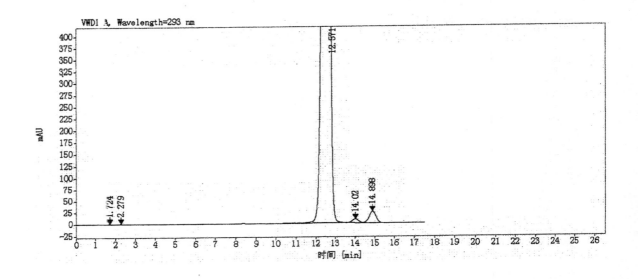

信号：　　　VWD1 A, Wavelength=293 nm

保留时间[分钟]	峰宽[分钟]	峰面积	峰高	面积%	峰_分离度_USP
1.724	0.0903	9.5220	1.7005	0.0187	
2.279	0.0737	9.3236	1.9186	0.0183	4.01913
12.571	0.3574	50153.6484	2212.6812	98.4468	29.01432
14.020	0.3427	175.0901	8.0522	0.3437	2.48700
14.898	0.3764	597.3236	24.7689	1.1725	1.43272
	总和	50944.9078			

数据文件：　E:\2016\盐酸左氧氟沙星氯化纳注射液\系统适用性\左氧系统适用性 2016-01-15 09-19-38\091-0104.D

样品名称：　左氧系统适用性 3 ~~黄西礼 2016.1.15~~

仪器：　1260LC（五）　　　　　　　　　　　　　　　位置：　样品瓶 91

进样日期：　2016/1/15 10:15:24　　　　　　　　　进样：　4 of 5

进样量：　10.000

采集方法：　盐酸左氧氟沙星氯化钠注射液系统适用　　分析方法：　盐酸左氧氟沙星氯化钠注射液系统适用性.M
性.M

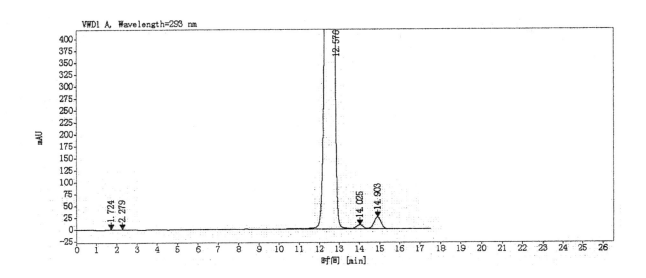

信号：　VWD1 A, Wavelength=293 nm

保留时间 [分钟]	峰宽 [分钟]	峰面积	峰高	面积%	峰_分离度_USP
1.724	0.0907	9.5095	1.7147	0.0186	
2.279	0.0736	9.2954	1.9169	0.0182	4.03870
12.576	0.3578	50262.9844	2214.3174	98.3199	29.03821
14.025	0.3729	216.5826	8.8695	0.4237	2.38532
14.903	0.3837	623.4907	25.1918	1.2196	1.36797
总和		51121.8625			

数据文件： E:\2016\盐酸左氧氟沙星氯化纳注射液\系统适用性\左氧系统适用性 2016-01-15 09-19-38\091-0105.D

样品名称： 左氧系统适用性 4

仪器： 1260LC(五)　　　　　　　　　　　　位置： 样品瓶 91

进样日期： 2016/1/15 10:33:42　　　　　　　进样： 5 of 5

进样量： 10.000

采集方法： 盐酸左氧氟沙星氯化钠注射液系统适用性.M　　　分析方法： 盐酸左氧氟沙星氯化钠注射液系统适用性.M

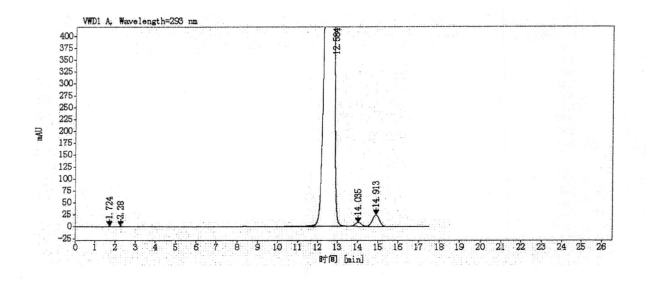

信号： VWD1 A, Wavelength=293 nm

保留时间 [分钟]	峰宽 [分钟]	峰面积	峰高	面积%	峰_分离度_USP
1.724	0.0902	9.5618	1.7122	0.0188	
2.280	0.0738	9.2977	1.9104	0.0182	4.02026
12.584	0.3576	50183.1758	2212.6575	98.4458	29.01766
14.035	0.3422	175.5119	8.0554	0.3443	2.49029
14.913	0.3769	597.8731	24.7477	1.1729	1.43060
	总和	50975.4203			

数据文件: E:\2016\盐酸左氧氟沙星氯化纳注射液\有关物质\左氧有关物质 2016-01-16 04-42-50\041-0103.D

样品名称: 空白

仪器: 1260LC(五)   位置: 样品瓶 41

进样日期: 2016/1/16 5:39:14   进样: 3 of 3

进样量: 10.000

采集方法: 盐酸左氧氟沙星氯化钠注射液   有关物   分析方法: 盐酸左氧氟沙星氯化钠注射液   有关物质
            质(27MIN).M   (27MIN).M

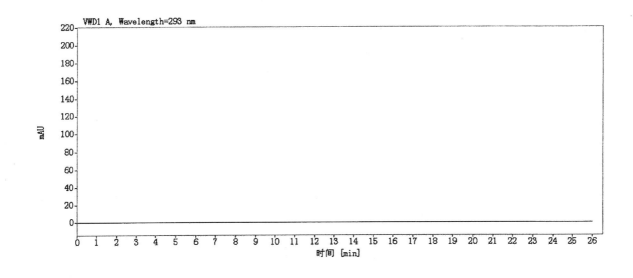

数据文件: E:\2016\盐酸左氧氟沙星氯化纳注射液\有关物质\左氧有关物质 2016-01-16 04-42-50\045-0501.D
样品名称: 左氧250ml：0.5g：2.25g C019-160119 1%对照
仪器: 1260LC(五)   位置: 样品瓶 45
进样日期: 2016/1/16 7:18:20   进样: 1 of 1
进样量: 10.000
采集方法: 盐酸左氧氟沙星氯化钠注射液有关物质   分析方法: 盐酸左氧氟沙星氯化钠注射液有关物质1%对照
1%对照(17MIN).M   (17MIN).M

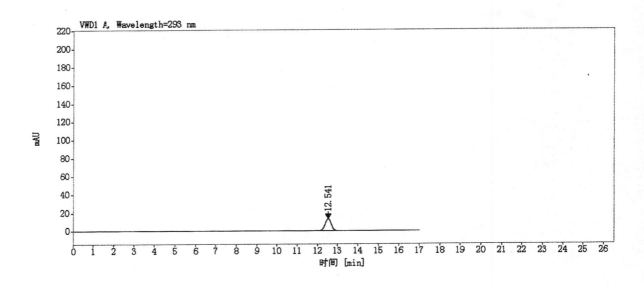

信号: VWD1 A, Wavelength=293 nm

保留时间 [分钟]	峰宽 [分钟]	峰面积	峰高	面积%	峰_分离度_USP
12.541	0.3313	286.5198	13.4110	100.0000	
	总和	286.5198			

数据文件: E:\2016\盐酸左氧氟沙星氯化纳注射液\有关物质\左氧有关物质 2016-01-16 04-42-50\053-1301.D
样品名称: 左氧250ml:0.5g:2.25g C019-160119
仪器: 1260LC(五)   位置: 样品瓶 53
进样日期: 2016/1/16 10:11:09   进样: 1 of 1
进样量: 10.000
采集方法: 盐酸左氧氟沙星氯化钠注射液 有关物   分析方法: 盐酸左氧氟沙星氯化钠注射液 有关物质
质(27MIN).M   (27MIN).M

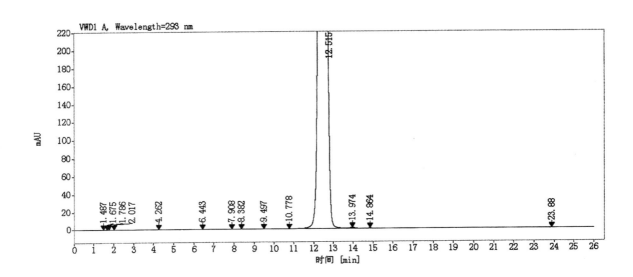

信号: VWD1 A, Wavelength=293 nm

保留时间 [分钟]	峰宽 [分钟]	峰面积	峰高	面积%	峰_分离度_USP
1.487	0.0827	1.0417	0.1880	0.0037	
1.675	0.0835	0.6687	0.1156	0.0024	0.88574
1.786	0.0528	0.7427	0.2123	0.0026	0.56772
2.017	0.1633	0.6588	0.0498	0.0023	1.27811
4.262	0.1249	1.1021	0.1355	0.0039	9.44331
6.443	0.1493	0.9086	0.0778	0.0032	8.72175
7.908	0.1541	0.8393	0.0689	0.0030	4.83814
8.382	0.1493	0.4478	0.0378	0.0016	1.59060
9.497	0.2120	2.4895	0.1632	0.0088	3.32197
10.778	0.2952	6.7679	0.2759	0.0238	1.33317
12.515	0.3322	28315.6426	1325.4596	99.7579	1.66352
13.974	0.4139	31.6778	1.0840	0.1116	2.12697
14.864	0.3861	12.4390	0.4410	0.0438	1.17314
23.880	0.4584	8.9297	0.2323	0.0315	10.70629
总和		28384.3562			

数据文件： E:\盐酸左氧氟沙星氯化钠注射液\2016年\异构体\左氧光学异构体 2016-01-18 15-31-49\021-0103.D
样品名称： 空白
仪器： 1260LC（四）　　　　　　　　　　位置：　样品瓶 21
进样日期： 2016/1/18 16:04:28　　　　　　　进样：　3 of 3
进样量： 20.000
采集方法： 盐酸左氧氟沙星氯化钠注射液 光学异构体.M　　　分析方法：　盐酸左氧氟沙星氯化钠注射液 光学异构体.M

王玲珑 2016.1.18

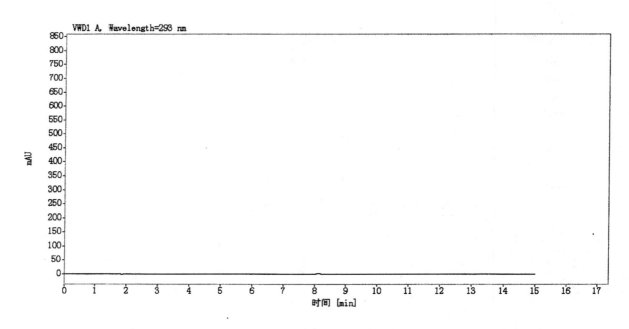

数据文件：　E:\盐酸左氧氟沙星氯化钠注射液\2016年\异构体\左氧光学异构体 2016-01-18 15-31-49\022-0202.D

样品名称：　左氧氟沙星对照品　　　　　　　　　　　*10.86mg*　*王珍玲*　*2016.1.18*

仪器：　1260LC（四）　　　　　　　　　　　位置：　样品瓶 22

进样日期：　2016/1/18 16:36:16　　　　　　　进样：　2 of 2

进样量：　20.000

采集方法：　盐酸左氧氟沙星氯化钠注射液 光学异构体.M　　　分析方法：　盐酸左氧氟沙星氯化钠注射液 光学异构体.M

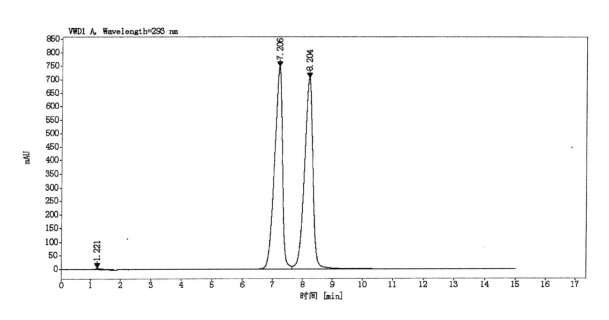

信号：　VWD1 A, Wavelength=293 nm

峰_保留时间	峰宽［分钟］	面积%	峰面积	峰高	峰_理论塔板_USP	峰_分离度_经典
1.221	0.2978	0.4333	120.1734	5.0468	55.06858	
7.206	0.2808	48.9823	13583.5244	748.2390	3599.80404	16.79793
8.204	0.3057	50.5844	14027.8164	706.4838	4173.90776	2.03612
		总和	27731.5142			

右旋异构：7.206 mm

左旋异构：8.204 mm

数据文件： E:\盐酸左氧氟沙星氯化钠注射液\2016年\异构体\左氧光学异构体 2016-01-18 15-31-49\031-1101.D
样品名称： 左氧 250ml:0.5g:2.25g C019-160119 1%对照   王玲玲 2016.1.18
仪器： 1260LC（四）   位置： 样品瓶 31
进样日期： 2016/1/18 19:15:35   进样： 1 of 1
进样量： 20.000
采集方法： 盐酸左氧氟沙星氯化钠注射液 光学异构体.M   分析方法： 盐酸左氧氟沙星氯化钠注射液 光学异构体.M

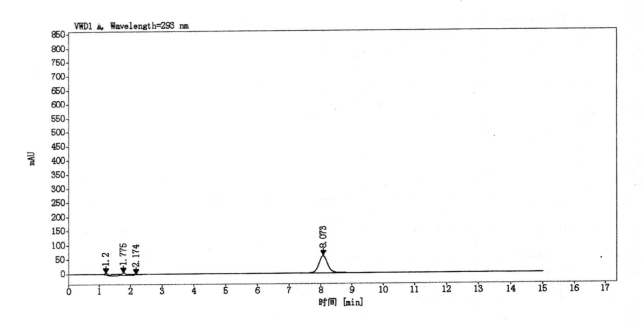

信号： VWD1 A, Wavelength=293 nm

峰_保留时间	峰宽[分钟]	面积%	峰面积	峰高	峰_理论塔板_USP	峰_分离度_经典
1.200	0.1018	2.6834	38.3846	5.2176	714.55975	
1.775	0.2086	9.3282	133.4357	8.3448	1717.94238	3.16883
2.174	0.3874	3.5566	50.8752	1.7286	283.49837	0.89050
8.073	0.3058	84.4319	1207.7614	60.2760	4038.19894	9.55768
		总和	1430.4569			

数据文件：　E:\盐酸左氧氟沙星氯化钠注射液\2016年\异构体\左氧光学异构体 2016-01-18 15-31-49\043-2601.D
样品名称：　左氧 250ml:0.5g:2.25g　C019-160119　　王珍珍 2016.1.18
仪器：　　　1260LC（四）　　　　　　　　　　　　　位置：　样品瓶 43
进样日期：　2016/1/18 23:14:30　　　　　　　　　　进样：　1 of 1
进样量：　　20.000
采集方法：　盐酸左氧氟沙星氯化钠注射液 光学异构体.M　　分析方法：　盐酸左氧氟沙星氯化钠注射液 光学异构
　　　　　　　　　　　　　　　　　　　　　　　　　　　　　　　体.M

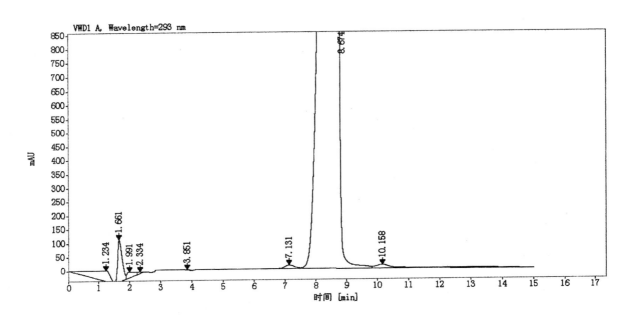

信号：　　VWD1 A, Wavelength=293 nm

峰_保留时间	峰宽 [分钟]	面积%	峰面积	峰高	峰_理论塔板_USP	峰_分离度_经典
1.234	0.5853	1.6195	1827.4143	39.2425	11.56974	
1.661	0.1518	1.3474	1520.3628	153.2281	643.47145	0.33365
1.991	0.2331	0.3102	350.0819	20.6197	180.25656	0.77221
2.334	0.1476	0.0477	53.8409	4.8461		0.74650
3.851	0.1591	0.0155	17.4890	1.7431	3614.48140	4.26954
7.131	0.3707	0.3068	346.1622	13.8948	2222.56968	6.68353
8.674	0.6087	95.4579	107714.0781	2931.0955	1422.38850	1.88900
10.158	0.8830	0.8950	1009.8727	14.7642	2507.86724	1.57541
		总和	112839.3020			

数据文件: E:\2016\盐酸左氧氟沙星氯化纳注射液\含量\左氧含量 2016-01-15 11-05-32\001-1101.D

样品名称: 左氧氟沙星对照品 1-1   24.97mg   黄色粒 2016.1.15

仪器: 1250LC(五)   位置: 样品瓶 1

进样日期: 2016/1/15 17:16:25   进样: 1 of 3

进样量: 10.000

采集方法: 盐酸左氧氟沙星氯化钠注射液含量.M   分析方法: 盐酸左氧氟沙星氯化钠注射液含量.M

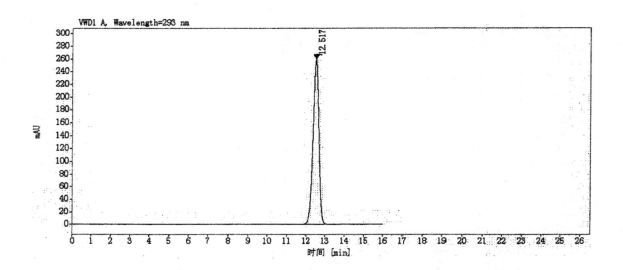

信号: VWD1 A, Wavelength=293 nm

保留时间 [分钟]	峰宽 [分钟]	峰面积	峰高	面积%	峰_分离度_USP
12.517	0.3285	5474.3125	259.0437	100.0000	
	总和	5474.3125			

数据文件：　E:\2016\盐酸左氧氟沙星氯化钠注射液\含量\左氧含量 2016-01-15 11-05-32\001-1102.D

样品名称：　左氧氟沙星对照品　1-2　　~4.97mg　　苏布和 2016.1.15

仪器：　1260LC（五）　　　　　　　　　　　　　位置：　样品瓶 1

进样日期：　2016/1/15 17:33:14　　　　　　　进样：　2 of 3

进样量：　10.000

采集方法：　盐酸左氧氟沙星氯化钠注射液含量.M　　　分析方法：　盐酸左氧氟沙星氯化钠注射液含量.M

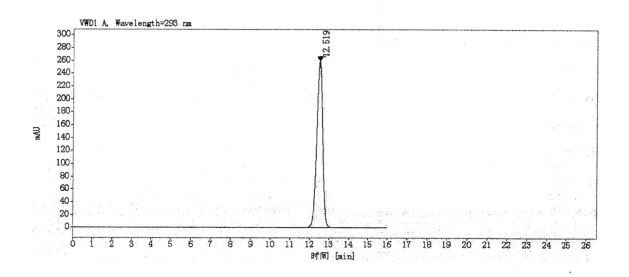

信号：　　VWD1 A, Wavelength=293 nm

保留时间 [分钟]	峰宽 [分钟]	峰面积	峰高	面积%	峰_分离度_USP
12.519	0.3288	5483.2881	259.1791	100.0000	
	总和	5483.2881			

数据文件： E:\2016\盐酸左氧氟沙星氯化钠注射液\含量\左氧含量 2016-01-15 11-05-32\002-1201.D

样品名称： 左氧氟沙星对照品　2-1　　25.08mg　　　病在如 2016.1.15

仪器： 1260LC（五）　　　　　　　　　　　　　　位置： 样品瓶 2

进样日期： 2016/1/15 18:06:50　　　　　　　　　进样： 1 of 3

进样量： 10.000

采集方法： 盐酸左氧氟沙星氯化钠注射液含量.M　　　分析方法： 盐酸左氧氟沙星氯化钠注射液含量.M

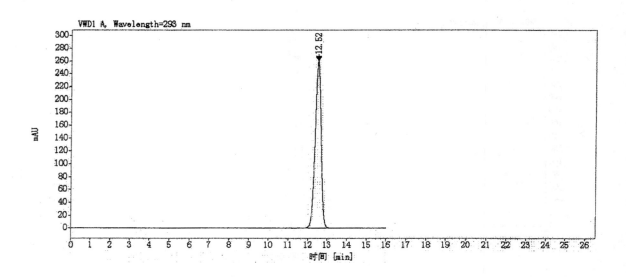

信号： VWD1 A, Wavelength=293 nm

保留时间 [分钟]	峰宽 [分钟]	峰面积	峰高	面积%	峰_分离度_USP
12.520	0.3274	5488.8237	259.8393	100.0000	
	总和	5488.8237			

数据文件： E:\2016\盐酸左氧氟沙星氯化纳注射液\含量\左氧含量 2016-01-15 11-05-32\002-1202.D

样品名称： 左氧氟沙星对照品 2-2 25.08mg 黄石林 2016.1.15

仪器： 1260LC（五）　　　　　　　　　　　　　　　位置： 样品瓶 2

进样日期： 2016/1/15 18:23:37　　　　　　　　　进样： 2 of 3

进样量： 10.000

采集方法： 盐酸左氧氟沙星氯化钠注射液含量.M　　　分析方法： 盐酸左氧氟沙星氯化钠注射液含量.M

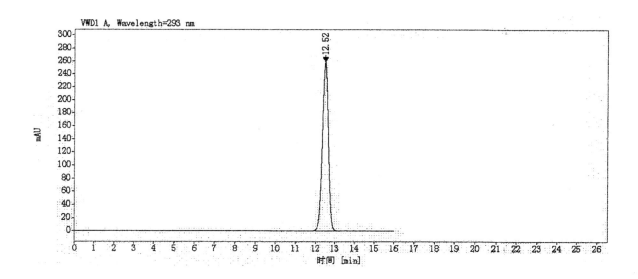

信号： VWD1 A, Wavelength=293 nm

保留时间 [分钟]	峰宽 [分钟]	峰面积	峰高	面积%	峰_分离度_USP
12.520	0.3276	5478.5405	259.1860	100.0000	
	总和	5478.5405			

数据文件： E:\2016\盐酸左氧氟沙星氯化钠注射液\含量\左氧含量 2016-01-15 11-05-32\015-1701.D
样品名称： 左氧 250ml:0.5g:2.25g C019-160119 1-1
仪器： 1260LC(五) 位置： 样品瓶 15
进样日期： 2016/1/15 21:11:50 进样： 1 of 2
进样量： 10.000
采集方法： 盐酸左氧氟沙星氯化钠注射液含量.M 分析方法： 盐酸左氧氟沙星氯化钠注射液含量.M

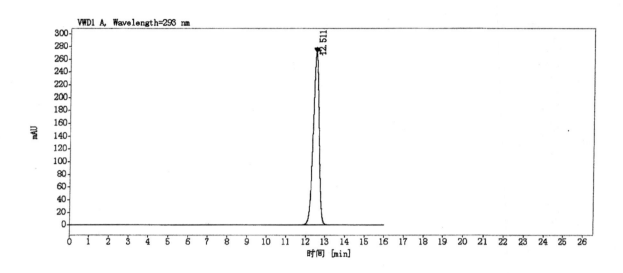

信号： VWD1 A, Wavelength=293 nm

保留时间 [分钟]	峰宽 [分钟]	峰面积	峰高	面积%	峰_分离度_USP
12.511	0.3273	5713.1089	270.5744	100.0000	
	总和	5713.1089			

数据文件：　E:\2016\盐酸左氧氟沙星氯化纳注射液\含量\左氧含量 2016-01-15 11-05-32\015-1702.D
样品名称：　左氧 250ml:0.5g:2.25g C019-160119　1-2　　　　庾雨航 2016.1.15
仪器：　　　1260LC(五)　　　　　　　　　　　　　位置：　　样品瓶 15
进样日期：　2016/1/15 21:28:39　　　　　　　　　进样：　　2 of 2
进样量：　　10.000
采集方法：　盐酸左氧氟沙星氯化钠注射液含量.M　　　分析方法：　盐酸左氧氟沙星氯化钠注射液含量.M

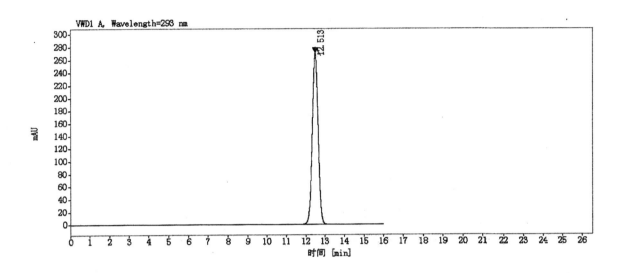

信号：　　　VWD1 A, Wavelength=293 nm

保留时间 [分钟]	峰宽 [分钟]	峰面积	峰高	面积%	峰_分离度_USP
12.513	0.3273	5718.3281	270.9037	100.0000	
	总和	5718.3281			

数据文件： E:\2016\盐酸左氧氟沙星氯化纳注射液\含量\左氧含量 2016-01-15 11-05-32\016-1801.D
样品名称： 左氧 250ml:0.5g:2.25g C019-160119 2-1
仪器： 1260LC（五） 位置： 样品瓶 16
进样日期： 2016/1/15 21:45:27 进样： 1 of 2
进样量： 10.000
采集方法： 盐酸左氧氟沙星氯化钠注射液含量.M 分析方法： 盐酸左氧氟沙星氯化钠注射液含量.M

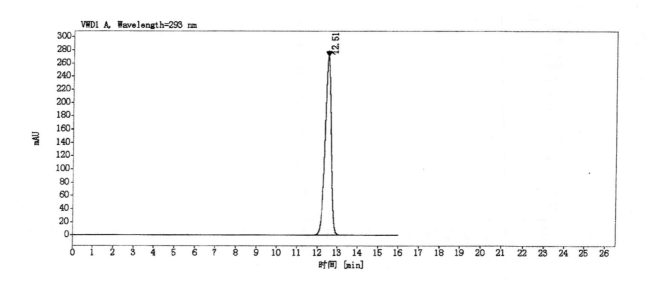

信号： VWD1 A, Wavelength=293 nm

保留时间 [分钟]	峰宽 [分钟]	峰面积	峰高	面积%	峰_分离度_USP
12.510	0.3274	5712.9771	270.4695	100.0000	
	总和	5712.9771			

数据文件:	E:\2016\盐酸左氧氟沙星氯化纳注射液\含量\左氧含量 2016-01-15 11-05-32\016-1802.D		
样品名称:	左氧 250ml:0.5g:2.25g C019-160119　2-2		药石南 2016.1.15
仪器:	1260LC(五)	位置:	样品瓶 16
进样日期:	2016/1/15 22:02:16	进样:	2 of 2
进样量:	10.000		
采集方法:	盐酸左氧氟沙星氯化钠注射液含量.M	分析方法:	盐酸左氧氟沙星氯化钠注射液含量.M

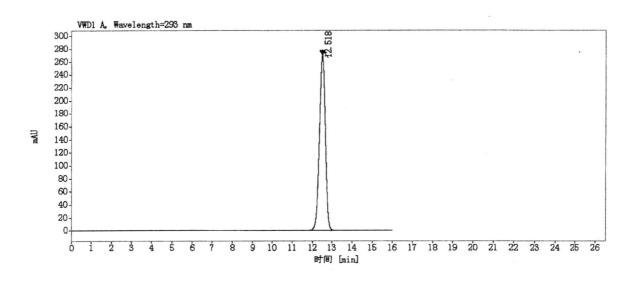

信号:　　　VWD1 A, Wavelength=293 nm

保留时间 [分钟]	峰宽 [分钟]	峰面积	峰高	面积%	峰_分离度_USP
12.518	0.3287	5712.8560	270.1516	100.0000	
	总和	5712.8560			

R·JY·09·024-01

细菌内毒素检查记录

检验单号：1601-01C022　　　　　　　　　　　　　　　　第1页共1页

检 品 名 称	盐酸左氧氟沙星氯化钠注射液	批　号	C01P-160119
规　格	240 ml：左氧氟沙星0.5 g与氯化钠2.25g	检品来源	一车间
鲎试剂灵敏度	0.25 EU/ml	批　号	1504072
内毒素标准品规格	10 EU/支	批　号	1502150
细菌内毒素检查用水	5ml·/支	批　号	1503160

1、阳性对照溶液制备：

$$10 \text{ EU/支} \xrightarrow{\text{加 } 1.0 \text{ mlBET 水}} 10 \text{ EU/ml} \xrightarrow[\text{加 } 5.4 \text{ mlBET 水}]{\text{取} 0.6 \text{ ml}} 1.0 \text{ EU/ml}$$

$$\xrightarrow[\text{加 } 1.5 \text{ mlBET 水}]{\text{取} 1.5 \text{ ml}} 0.5 \text{ EU/ml}$$

2、供试品溶液制备：本品 L=0.6EU/ml，计算MVD= 4.8，供试品按 4.4 倍稀释。

$$\text{取本品} 1.0 \text{ ml} \xrightarrow{\text{加} 1.2 \text{ mlBET 水}} 2.2 \text{ ml（浓2倍供试品溶液）} \xrightarrow[\text{加 } 0.4 \text{ mlBET 水}]{\text{取} 0.4 \text{ ml}} 0.8 \text{ ml}$$

3、供试品阳性对照溶液制备：

$$\text{取浓2倍供试品溶液} 0.4 \text{ ml} \xrightarrow{\text{加 } 1.0 \text{EU/ml 阳性对照溶液} 0.4 \text{ml}} 0.8 \text{ ml}$$

试验管号	阳性管		阳性管(供)		阴性管		初试样品管		复试样品管			
操作项目	(1)	(2)	(3)	(4)	(5)	(6)	(7)	(8)	(9)	(10)	(11)	(12)
细菌内毒素检查用水 ml	0.1	0.1	0.1	0.1	0.1	0.1	0.1	0.1	0.1	0.1	0.1	0.1
供试品溶液 ml	—	—	—	—	—	—	0.1	0.1	0.1	0.1	0.1	0.1
阳性对照溶液 ml	0.1	0.1	—	—	—	—	—	—	—	—	—	—
供试品阳性对照溶液 ml	—	—	0.1	0.1	—	—	—	—	—	—	—	—
细菌内毒素检查用水 ml	—	—	—	—	0.1	0.1	—	—	—	—	—	—
37±1℃、60±2分钟观察	+	+	+	+	—	—	—	—				

注：阳性记录为（+）阴性记录为（—）

[结论] 符合规定

检查日期：2016 年1 月14 日	检查人	陈福丽	复核人	洪思侠

R·JY·09·018-02

不溶性微粒检查记录

检验单号：1601-01C022

第1页　共1页

检 品 名 称	盐酸左氧氟沙星氯化钠注射液	批　　号	C019-160119
规　　格	250ml: 左氧氟沙星 0.5g 与氯化钠 2.25g	检品来源	一车间
依　　据	《中国药典》2015年版四部		

标准规定	光阻法	标示装量≥100ml：≥10μm 不得过25粒/ml；≥25μm 不得过3粒/ml
		标示装量<100ml：≥10μm 不得过6000粒/支（瓶）；≥25μm 不得过600粒/支（瓶）
	显微计数法	标示装量≥100ml：≥10μm 不得过12粒/ml；≥25μm 不得过2粒/ml
		标示装量<100ml：≥10μm 不得过3000粒/支（瓶）；≥25μm 不得过300粒/支（瓶）

检查方法	① 显微计数法□　（仪器：XTB-JBI 显微镜） ② 光　阻　法☑　（仪器：GWF-5JA 微粒分析仪）

供试品溶液制备及操作	取本品4瓶 依《不溶性微粒检查法》检查

检查数据	微粒检查用水	1	2	3	4
	≥10μm:0.2粒/ml	≥10μm:0.3粒/ml	≥10μm:0.7粒/ml	≥10μm:0.2粒/ml	≥10μm:0.8粒/ml
	≥25μm:0.0粒/ml	≥25μm:0.0粒/ml	≥25μm:0.0粒/ml	≥25μm:0.0粒/ml	≥25μm:0.0粒/ml

计算结果

$$≥10μm: \frac{0.3+0.7+0.2+0.8}{4}=0.5 粒/ml$$

$$≥25μm: \frac{0.0+0.0+0.0+0.0}{4}=0.0 粒/ml$$

结　　论	符合规定		
检查日期	2016年1月15日	检查人	复核人

注：溶液型静脉用注射剂均应检查不溶性微粒。

样品：
批号：
日期：
体积：5.0ml

1.
$\geq 10\mu m$ 4
$\geq 25\mu m$ 0

2.
$\geq 10\mu m$ 0
$\geq 25\mu m$ 0

3.
$\geq 10\mu m$ 2
$\geq 25\mu m$ 0

$\bar{X}$ (/ml)
$\geq 10\mu m$ 0.2
$\geq 25\mu m$ 0.0

王实 2016.1.15

样品：左氧氟ml...
批号：C019-160119
日期：2016.1.15
体积：5.0ml

1.
$\geq 10\mu m$ 1
$\geq 25\mu m$ 0

2.
$\geq 10\mu m$ 3
$\geq 25\mu m$ 0

3.
$\geq 10\mu m$ 0
$\geq 25\mu m$ 0

$\bar{X}$ (/ml)
$\geq 10\mu m$ 0.3
$\geq 25\mu m$ 0.0

样品：左氧氟ml：a19-225g
批号：C019-160119
日期：2016.1.15
体积：5.0ml

1.
$\geq 10\mu m$ 3
$\geq 25\mu m$ 0

2.
$\geq 10\mu m$ 5
$\geq 25\mu m$ 0

3.
$\geq 10\mu m$ 3
$\geq 25\mu m$ 0

$\bar{X}$ (/ml)
$\geq 10\mu m$ 0.8
$\geq 25\mu m$ 0.0

王实 2016.1.15

样品：
批号：
日期：
体积：5.0ml

1.
$\geq 10\mu m$ 3
$\geq 25\mu m$ 0

2.
$\geq 10\mu m$ 3
$\geq 25\mu m$ 0

3.
$\geq 10\mu m$ 4
$\geq 25\mu m$ 0

$\bar{X}$ (/ml)
$\geq 10\mu m$ 0.7
$\geq 25\mu m$ 0.0

样品：
批号：
日期：
体积：5.0ml

1.
$\geq 10\mu m$ 2
$\geq 25\mu m$ 0

2.
$\geq 10\mu m$ 1
$\geq 25\mu m$ 0

3.
$\geq 10\mu m$ 1
$\geq 25\mu m$ 0

$\bar{X}$ (/ml)
$\geq 10\mu m$ 0.2
$\geq 25\mu m$ 0.0

王实 2016.1.15

R·JY·09·032-02

无菌检查记录

检验单号：1601-01 C022

第1页 共1页

检品名称	盐酸左氧氟沙星氯化钠注射液	批　号	C019-160119
规　格	250 ml：左氧氟沙星0.5 g与氯化钠2.25 g	检验日期	2016 年 1 月 13 日
生产单位	一车间	报告日期	2016 年 1 月 27 日
检查法	薄膜过滤法	集菌培养器型号	KSF-330

阳性菌	名称：大肠埃希菌　　　[阳性菌代号-传代(CMCC(B)44102- 4)]； 稀释级别 10⁻⁶ ；菌液浓度： 90 CFU/ml

稀释液选择	①0.1%蛋白胨水溶液　　□（批号：　　　） ②pH7.0 氯化钠-蛋白胨缓冲液□（批号：　　　）
冲洗液选择	①0.1%蛋白胨水溶液　　☑（批号：160112 ） ②pH7.0 氯化钠-蛋白胨缓冲液□（批号：　　　）

供试品溶液制备及操作：

　　取本品 15 瓶，使用三联集菌培养器（批号：20150425 ）采用薄膜过滤法过滤（集菌仪转速 160 rpm）后，往每个集菌培养器内加 1000ml 冲洗液进行冲洗（集菌仪转速 100 rpm，前 4 次每次冲洗 50ml，后 8 次每次冲洗 100ml），冲洗完后，分别向其中 2 个集菌培养器中各加入 100ml 的硫乙醇酸盐流体培养基（批号：160112 ）（集菌仪转速 160 rpm），向另一集菌培养器中加入 100ml 胰酪大豆胨液体培养基（批号：160112 ）（集菌仪转速 160 rpm），同时按上述方法平行进行阴性对照。

　　取其中一个装有 100ml 硫乙醇酸盐流体培养基的集菌培养器注入 1ml 阳性菌液作阳性对照。

　　装有硫乙醇酸盐流体培养基的集菌培养器在 30～35℃下培养 14 天。

　　装有胰酪大豆胨液体培养基的集菌培养器在 20～25℃下培养 14 天。

取本品，依《无菌检查法》检查，结果为

集菌培养器		培养时间	2016年1月13日17时~2016年1月27日17时												
		培养天数													
		1	2	3	4	5	6	7	8	9	10	11	12	13	14
硫乙醇酸盐流体培养基☑ 胰酪大豆胨液体培养基□	阳性对照	+	+	+											
硫乙醇酸盐流体培养基	供试品	－	－	－	－	－	－	－	－	－	－	－	－	－	－
	阴性对照	－	－	－	－	－	－	－	－	－	－	－	－	－	－
胰酪大豆胨液体培养基	供试品	－	－	－	－	－	－	－	－	－	－	－	－	－	－
	阴性对照	－	－	－	－	－	－	－	－	－	－	－	－	－	－
结　　论	符合规定														

注：观察结果确认有菌生长，显阳性以（+）表示，确认无菌生长，显阴性以（—）表示。

检验人	邱芳	复核人	法思俣

制药有限公司
成品检验报告单

检验单号：1601-01C022

检品名称	盐酸左氧氟沙星氯化钠注射液	收检日期	2016 年 1 月 12 日
批　号	C019-160119	报告日期	2016 年 1 月 27 日
规　格	250ml：左氧氟沙星 0.5g 与氯化钠 2.25g	检品来源	一车间
本批数量	9845 瓶	检验依据	WS₁-(X-121)-2004Z
检验项目	全　检	有效期至	2017 年 12 月

检验项目	标准规定	检验结果
【性状】	应为淡黄绿色或黄绿色澄明液体	为淡黄绿色澄明液体
【鉴别】		
（1）HPLC 图谱	应与氧氟沙星对照品溶液中左氧氟沙星主峰的保留时间一致	与氧氟沙星对照品溶液中左氧氟沙星主峰的保留时间一致
（2）氯化物	应呈正反应	呈正反应
（3）钠盐	应呈正反应	呈正反应
【检查】		
pH 值	应为 4.0~6.0	4.9
颜色	不得过 0.025	符合规定
有关物质	应符合规定	符合规定
光学异构体	应符合规定	符合规定
不溶性微粒	应符合规定	符合规定
重金属	不得过千万分之十	符合规定
细菌内毒素	应小于 0.6EU/mg	符合规定
可见异物	应符合规定	符合规定
装量	应符合规定	符合规定
无菌	应符合规定	符合规定
【含量测定】		
（1）左氧氟沙星	含左氧氟沙星应为标示量的 90.0%~110.0%	101.3%
（2）氯化钠	含氯化钠应为标示量的 95.0%~107.0%	98.4%
结　论	本品按 WS₁-(X-121)-2004Z 检验，结果 符合规定。	

检验人	王琀琀	复核人	冯点庚	质量部门负责人	本倍